Georg Hauck

Plutarch von Chaeronea der Verfasser des Gastmahls der 7 Weisen

Program des Kgl. humanistischen Gymnasiums Burghausen für das

Schuljahr 1892/93

Georg Hauck

Plutarch von Chaeronea der Verfasser des Gastmahls der 7 Weisen
Program des Kgl. humanistischen Gymnasiums Burghausen für das Schuljahr
1892/93

ISBN/EAN: 9783743642942

Hergestellt in Europa, USA, Kanada, Australien, Japan

Cover: Foto ©ninafisch / pixelio.de

Weitere Bücher finden Sie auf **www.hansebooks.com**

Plutarch von Chaeronea,

der

Verfasser des Gastmahls der 7 Weisen.

———— ·············· ————

Programm

des Kgl. humanistischen Gymnasiums Burghausen

für das

Schuljahr 1892 93

von

Dr. Georg Hauck,

k. Gymnasiallehrer.

————————

Burghausen.
Druck der Leo Russy'schen Buchdruckerei.

Seinem verehrten Lehrer

Herrn

Prof. Dr. Wilh. v. Christ

in dankbarer Erinnerung

gewidmet vom

Verfasser.

1.

Allgemeine Uebersicht über den Stand der Frage nach der Echtheit des Gastmahls der 7 Weisen.

Die Echtheit des unter Plutarchs Namen überlieferten
Gastmahls der 7 Weisen ist mehrfach bestritten, aber fast
ebenso oft verteidigt worden. Schon der englische Gelehrte
Hudson, welcher am Ausgange des 17. und Anfange des
18. Jahrhunderts lebte, spricht in einer Anmerkung zu Jo-
sephus antiqu. Jud. V, 8, 6 von einem „scriptor convivii septem sapientum inter Plutarchi opera", ohne jedoch seine
Ansicht näher zu begründen.

Nach Hudson war es zuerst Reiske, welcher in
seiner Ausgabe Plutarchs, Leipzig, 1776, in den Anmerkungen zu unserer Schrift an derselben mehreres auszusetzen
fand. Jedoch hat er dieselbe keineswegs für nichtplutar-
chisch gehalten, wenigstens spricht er sich über diesen Punkt
nicht aus. Georg Herrmann*) sagt also mit Unrecht:
„Reiskius quoque iam ante Meinersium de Plutarcho scrip-
tore convivii dubitans aliam causam protulerat, quapropter
convivium spurium putavit".

Meiners**) hingegen spricht sich mit aller Entschie-

---

*) quaestiones criticae de Plutarchi Moralibus part. I. Τῶν ἑπτὰ
σοφῶν συμπόσιον. Doktordissertation. Halle. 1875 p. 7.
**) Geschichte der Wissensch. in Griechenland und Rom. Lemgo
1781. T. I p. 120 ff.

1

denheit gegen die Echtheit aus und führt eine Reihe von
Gründen für seine Behauptung an, so dass, wie G. Herrmann l. c. p. 8 meint, selbst Wyttenbach darüber etwas in
Verwirrung geriet. Die Einwände von Meiners sind in der
That zum Teil scharfsinnig und auf den ersten Blick be-
stechend. Allein bei näherer Betrachtung erweisen sie sich
als unstichhaltig.

Der erste, welcher dagegen den plutarchischen Ursprung
der Schrift vertrat, ist der ebenso gelehrte als scharfsinnige
Wyttenbach. Er geht in seinen animadversiones*) namentlich mit Reiske scharf ins Gericht und weist die Halt-
losigkeit seiner Behauptungen nach. Mit Meiners hingegen
verfährt er weit glimpflicher und schliesst die teilweise
Widerlegung desselben damit ab, dass er l. c. p. 201 sagt:
„Sed ampliorem confutationem et omittimus, ut putidam:
et condonamus reliquis virtutibus viri de ingeniorum cultura
bene meriti." Indessen ich zweifle nicht, dass es Wyttenbach
wohl gelungen wäre, sämmtliche Einwürfe von Meiners zu
widerlegen. Seine Anmerkungen zu unserer Schrift sind der
beste Beweis hiefür. Er bringt in denselben so viel Material,
für die Echtheit bei, namentlich durch den Hinweis auf
Stellen gleichen Inhalts in echt plutarchischen Schriften,
dass es unglaublich erscheint, wie der plutarchische Ursprung
des Gastmahls später noch bezweifelt werden konnte.

Trotzdem hat in neuerer Zeit Volkmann**) sich
wieder auf den Standpunkt von Meiners gestellt und eine
Reihe neuer Beweise für die Unechtheit beizubringen gesucht. Volkmann hat vom sprachlichen Teile ganz abgesehen
und sich nur auf den Inhalt beschränkt. Allein er muss sich
auch diesen nicht genau angesehen und die Anmerkungen
Wyttenbachs nicht, oder wenigstens nicht sorgfältig studiert
haben. Sonst hätte er am Schlusse seiner Ausführungen l. c.

---

*) animadversiones in Plutarchi Opera Moralia. Tom. II. Leipzig,
1821.
**) Leben, Schriften und Philosophie des Plutarch von Chaeronea.
Berlin, Calvary, 1869. T. I. p. 188 – 209.

p. 209 nicht die Behauptung aufstellen können, auf die Uebereinstimmung von conv. s. s. c. 21, 163 E ψυχῆς γὰς ὄργανον
τὸ σῶμα, θεοῦ δ᾽ ἡ ψυχή mit de Pythiae oraculis, 404 C sei
nichts zu geben, weil diese ursprünglich platonische Sentenz
zum Gemeinplatz geworden sei u. s. w. Es entgingen ihm
also die vielen Übereinstimmungen des Inhaltes unserer
Schrift mit echten plutarchischen vollständig, obwohl Wyttenbach deren bereits eine ziemliche Anzahl citiert hatte.

Entgegen Volkmann hat G. Herrmann in der bereits
erwähnten Dissertation die Echtheit des Gastmahls der sieben
Weisen nochmals eingehend behandelt und durch sprachliche
und inhaltliche Beweise zu begründen gesucht. Allein wenn
ich auch zugeben muss, dass die Arbeit manches Gute enthält, so kann ich gleichwohl nicht umhin, ihren wissenschaftlichen Wert ziemlich niedrig zu taxieren. Die Beweisführung
Herrmanns ist nicht scharfsinnig, das vorhandene Material
teilweise unrichtig verwertet. Der sprachliche Teil enthält
nur Allgemeinheiten, und ausserdem vieles, was nicht speziell
auf Plutarch bezug hat. Auch ist die Einteilung des inhalt-
lichen Teiles nach den im Gastmahle vorkommenden Personen viel zu äusserlich. Zudem findet sich alles, wenn ich
nicht irre, mit Ausnahme einer einzigen Stelle, bereits bei
Wyttenbach. Wie sehr dieses abfällige Urteil berechtigt ist,
dies zu beweisen, werde ich im Verlaufe meiner Abhandlung
wiederholt Gelegenheit haben.

Nach G. Herrmann hat Muhl*) diese Frage ebenfalls
berührt und einige wertvolle Notizen für die Echtheit der
Schrift beigebracht, nur dass sich auch unter den von ihm
citierten Parallelstellen die meisten wiederum bei Wyttenbach
finden. Auf einige Verstösse, die Muhl passieren, werde ich
später zu sprechen kommen.

Einige andere, die sich gelegentlich über Echtheit oder
Unechtheit des Gastmahls der sieben Weisen ausgesprochen
haben, lasse ich hier unerwähnt, da sie bereits bei Herrmann

---

*) Plutarchische Studien. Programm. Augsburg, 1885. p. 27—29.

genannt sind. Hier möchte ich nur noch hinweisen auf
Wilhelm Christ, der in seiner Geschichte der griech. Lit.
p. 494 unsere Schrift wiederum für unecht erklärt. Er
steht im ganzen auf dem Standpunkte Volkmanns.*) v.
Wilamowitz - Möllendorff hingegen spricht sich im
Hermes 25, 196 f. für die Echtheit aus, indem er sagt: „Die
Athetese nehme ich nicht ernst: ich hoffe, dass R. Volkmann
sie nicht mehr aufrecht hält; jedenfalls würde man das Buch
auch ohne jede Ueberlieferung Plutarch zuschreiben müssen,
da es im Grossen und Kleinen seine Züge trägt".

Wenn ich nun die Frage nach dem plutarchischen Ursprunge des συμπόσιον τῶν ἑπτὰ σοφῶν neuerdings aufgegriffen habe, so war es meine Aufgabe, unter passender
Verwertung der von andern angeführten Beweisgründe dieselben zugleich einer eingehenden Prüfung und Kritik zu
unterziehen, und ausserdem neue Momente in sprachlicher
wie inhaltlicher Beziehung für die Echtheit der Schrift
beizubringen.

II.

Widerlegung der gegen die Autorschaft Plutarchs erhobenen Einwände.

Dass Reiske die Unechtheit des Gastmahls nicht behauptet hat, habe ich bereits früher gegen Herrmann hervorgehoben. Allein es dürfte sich gleichwohl empfehlen, zu
prüfen, ob das, was er an der Schrift tadelnswert fand,
wirklich berechtigt ist, zumal da wahrscheinlich Reiske für die
Späteren den Anstoss zur Unechtheitserklärung gegeben hat.

Die erste Bemerkung, welche Reiske gleichsam als

*) Christ passiert bei Besprechung dieser Frage ein doppeltes Ver-
sehen. Fürs erste muss es heissen συμπόσιον τῶν ἑπτὰ σοφῶν,
nicht φιλοσόφων. Denn die 7 Weisen waren, wie wir sehen werden, mit
Ausnahme des Thales gar keine Philosophen. Ausserdem ist G. Herr-
man für, nicht gegen die Echtheit.

Einleitung vorausschickt, ist die, dass das plutarchische Gastmahl bei weitem nicht die Anmut des xenophonteischen
enthalte, und dass es im Vergleich mit dem Meisterwerke
Xenophons nur ein schülerhafter Versuch sei. Wyttenbach
widerlegt diese Behauptung damit, dass er sagt: „Quis a
Plutarcho venustatem Xenophontis exigat? Suae utrique sunt
dotes et huic libello sunt Plutarcheae dotes, quae nec tironem
nec alienum scriptorem prodant." Übrigens ist der Vergleich
mit dem xenophonteischen συμπόσιον gewiss kein glücklicher.
Eine Zusammenstellung mit dem platonischen würde in diesem Falle passender gewesen sein. Denn ob das Gatsmahl
Xenophons wirklich ein Meisterwerk ist, darüber kann man
sehr im Zweifel sein, um so mehr, wenn man bedenkt, dass
dasselbe wahrscheinlich eine Nachahmung des platonischen
ist. Wie verschieden indessen die Anschauungen in derartigen ästhetischen Dingen sind, sehen wir daraus, dass
Xylander in einer Anmerkung zu c. 3, 148 D unserer
Schrift dieselbe „librum incundissimae et utilissimae lectionis"
nennt. Genau so spricht sich auch Wyttenbach aus l. c. p.
202 „. . . . ut ita libellum conficeret lectu cum fructuo-
sum, tum iucundum."

Ausser diesem auf den Gesammtinhalt des Gastmahls
sich beziehenden Vorwurfe führt Reiske mehrere Verstösse
gegen die Chronologie an, welche sich in unserer Schrift
finden sollen. Aber hiebei ist in erster Linie zu bedenken,
dass Plutarch bekanntlich selbst in seinen rein historischen
Werken es mit der Chronologie nicht so genau nimmt, und
dass man ihm einen derartigen Verstoss noch viel eher ver-
zeihen kann in einer Schrift, bei der es ihm viel weniger
auf das historische als auf das philosophische und poetische
Interesse ankam. Die Behauptungen Reiskes sind indessen
nicht einmal richtig.

Bezüglich der Gründung von Naukratis sagt Reiske
in einer Anmerkung zu c. 2, 146 E, Plutarch begehe einen
chronologischen Fehler, indem er den Niloxenus, den Boten

des Amasis, aus Naukratis sein lasse, während diese Stadt doch erst viel später gegründet worden sei, nämlich um die 80. Olympiade, als Inarus in Ägypten und Artaxerxes in Persien regierte. Dabei beruft er sich auf eine Stelle bei Strabo XVII, 1153 C. Dass Naukratis zur Zeit der 7 Weisen bereits existierte, hat Wyttenbach l. c. p. 201 und 202 durch eine Reihe von Stellen bewiesen, und es wird heutzutage von niemand mehr bezweifelt werden, dass diese Stadt unter Psammetich um die Mitte des 7. Jahrhunderts gegründet wurde und zur Zeit des Amasis bereits eine blühende Stadt, „ein ägyptisches Korinth" war. Vgl. Curtius, Griech. Geschichte I. p. 409 ff! *)

Ebenso kritiklos ist die folgende Bemerkung Reiskes über das Alter der 7 Weisen. Er sagt: „Etiam aetates sapientium haud satis apte congruunt. Periander Solone est antiquior." Vor allem muss man hier bedenken, dass es für den Verfasser unserer Schrift ziemlich gleichgiltig sein konnte, ob die 7 Weisen genau zu derselben Zeit lebten. Für ihn genügte es, dass dies allgemein so angenommen wurde. Übrigens war gerade das Beispiel „Periander Solone

*) Ich habe die Sache hauptsächlich aus dem Grunde aufgegriffen, um Strabo von dem Vorwurfe zu reinigen, dass er hier einen chronologischen Fehler begangen habe. Denn auch Wyttenbach nimmt dies an, indem er sagt: „Sane ita Strabo XVII, 1153 C." Oder er sucht sich dadurch zu helfen, dass er sagt, es sei an dieser Stelle statt ἔκτισαν vielleicht ἐπῴκισαν zu schreiben. Allein die Lösung ist eine höchst einfache. Der bei Strabo genannte Inarus ist nicht identisch mit dem späteren König Inarus, sondern ein Feldherr unter Psammetich. Strabo selbst ist im Gegenteil ganz anderer Ansicht. Dies sieht man genau aus der genannten Stelle selbst, wo es ja ausdrücklich heisst, Milesier seien unter der Regierung des Psammetich und des Mederkönigs Kyaxares in Ägypten gelandet, hätten hier an der bolbinitischen Mündung eine Veste gebaut, seien dann flussaufwärts gefahren und hätten nach der Besiegung des Inarus Naukratis gegründet. Man sieht dies auch aus einer anderen Stelle, nämlich XVII, 805, wo erzählt wird, dass Charaxos, der Bruder der Sappho, lesbischen Wein nach Naukratis brachte. Strabo darf man aber doch wohl zutrauen, dass er wusste, wann Sappho lebte.

est antiquior" höchst unglücklich gewählt. Denn Periander und Solon können unter den 7 Weisen am allerehesten als gleichalterig betrachtet werden. Periander regierte von 625—585, Solon spielte zu Athen bereits im Jahre 612 eine bedeutende Rolle und gab i. J. 594 seine Gesetze. Seine hauptsächlichste politische Thätigkeit fällt also in die Regierungszeit Perianders. Indessen ist Periander in unserer Schrift nicht einmal zu den 7 Weisen gezählt, wie ich später zeigen werde. Doch thut dies hier nichts zur Sache.

Dagegen findet sich ein anderer chronologischer Fehler, den aber Reiske nicht erwähnt. Nämlich die Regierungszeit des Amasis und Krösus stimmt nicht überein mit der Perianders. Letzterer regierte, wie eben erwähnt, bis 585, Amasis kam 570, Krösus erst 560 zur Regierung. Allein ich habe oben bereits darauf hingewiesen, dass auch sonst bei Plutarch Verstösse gegen die Chronologie nicht zu den Seltenheiten gehören, und dass uns ein solcher Fehler noch weniger auffallen darf in einer Schrift, in welcher wir uns überhaupt nicht auf rein historischem Boden bewegen.

Die zwei andern scheinbaren chronologischen Fehler, welche Reiske noch anführt, nämlich zu c. 13, 155 E bezüglich des Bechers des Bathykles, und zu c. 19, 162 C die Zeit betreffend, welche zwischen Ino und Solon liege, hat bereits Wyttenbach in seinen Anmerkungen zu den beiden Stellen genügend widerlegt.

Die Einwände, welche Meiners gegen die Echtheit unserer Schrift erhebt, sind ungleich scharfsinniger als die Reiskes und schwerer zu widerlegen. Aber sie sind deshalb um so interessanter. Der erste Einwurf geht dahin, der Verfasser des Gast= mahls der 7 Weisen begehe einen Anachronismus, indem ein Gastmahl in diesem Sinne zwar für die Zeit Platos und die folgende passe, aber nicht für das Zeitalter der 7 Weisen. Ich kann dies nicht treffender widerlegen, als indem ich eine diesbezügliche Stelle aus v. Wilamowitz-Möllendorffs Aufsatz „Zu Plutarchs Gastmahl der 7 Weisen, Hermes, 25. B. p. 196

anführe. Sie lautet: „Zwar seine (Plutarchs) ihm so oft und so unbillig vorgeworfene notorische Unfähigkeit, geschichtlich zu sehen und geschichtlich wahr sein zu wollen, hat ihm hier höchstens genützt. Die Versuchung, seiner Novelle archaisches Kolorit zu geben und Leute des 6. Jahrhunderts einzuführen, ist ihm gar nicht gekommen."

Der zweite Einwand von Meiners richtet sich gegen die Schreibart unserer Schrift. Dieselbe sei zwar nicht schlecht oder unrein, habe aber doch nicht die Fülle, das Blühende, den Reichtum an glücklichen Bildern und Gleichnissen, nicht die häufigen Anspielungen und Anführungen auf und von den grössten Dichtern seines Volkes. Bezüglich des Stiles im allgemeinen begnüge ich mich vorläufig mit der Behauptung, dass derselbe echt plutarchisch ist, und behalte mir eine eingehendere Begründung derselben für eine spätere Stelle vor. Was aber die Bemerkung betrifft, die Schrift enthalte nicht die häufigen Anspielungen und Anführungen auf und von den grössten Dichtern seines Volks, so kann Meiners unmöglich an die Zeit gedacht haben, in welcher das Gastmahl spielt. Denn Homer und Hesiod sind doch häufig genug citiert. Auch finden sich Anspielungen auf ihr Leben, wie in der Erwähnung des ἀγὼν Ὁμήρου καὶ Ἡσιόδου (c. 10) und in der Erzählung von der Todesart Hesiods (c. 19). Ausserdem enthält die Schrift noch verschiedene andere Citate. So das bekannte Skolion ἄλει, μύλα, ἄλει (c. 14), eine Sentenz Solons (c. 13), eine Anspielung auf eine Stelle bei Archilochus, nämlich das „ἀχνυμένην σκυτάλην" (c. 8, 152 E). Welche andern Dichter hätten aber zur Zeit der 7 Weisen noch citiert werden können? Zu den dichterischen Citaten gehören aber auch noch die beiden Rätsel der Eumetis (c. 5 und 10), der dem Solon erteilte Orakelspruch (c. 7) und mehrere äsopische Fabeln. Was also Meiners gegen die Echtheit unserer Schrift ausspielt, ist nicht nur völlig unrichtig, sondern spricht sogar direkt für Plutarchs Autorschaft.

Ein anderer Einwurf von Meiners betrifft die Disposition des Gastmahls. Dieselbe sei ungeordnet und verworren, die Anekdoten, Sprüche, Rätsel und Gedanken
seien kritiklos durcheinander geworfen. In ähnlichem Sinne
spricht sich auch Volkmann aus l. c. p. 200. Indessen die
Disposition ist keineswegs so ungeordnet und verworren,
wie Meiners behauptet. Dieselbe umfasst drei Teile. Der
erste erstreckt sich bis c. 6 (incl.) Zunächst ist die Ver-
anlassung zur Schrift behandelt (c. 1). Sodann werden wir
mit den am Gastmahl teilnehmenden Personen, wenigstens
den meisten derselben, bekannt gemacht. Nicht erwähnt
sind einige Nebenpersonen, nämlich Kleodorus, Mnesiphilus,
Chersias und Gorgias. Nebenher gehen unter anderm Bemerkungen über das Verhalten bei einem Gastmahle (147 E-
148 B und 148 E- 149 B), analog wie in mehreren Proömien
der Tischgespräche, mit denen sie inhaltlich fast vollständig
übereinstimmen. Doch davon später! Hierauf wird das
Gastmahl selbst kurz geschildert. Soweit reicht die Einleitung. cap. 6, das den Brief des Amasis enthält, bildet den
Übergang zum Hauptteile, zum Kernpunkte der Schrift, nämlich zu den Gesprächen über politische und soziale Dinge.
Dieselben erstrecken sich bis c. 16 (incl.). Die folgenden
capp. 17—21 handeln über einige Sagen, wie z. B. die Arionsage, und zwar speziell über die Dienste, welche Tiere,
namentlich Delphine, den Menschen erwiesen. Diese letzteren
capp. stehen mit den vorausgehenden politisch-sozialen Gesprächen, so verschiedenartig der Stoff ist, keineswegs in
einem rein äusserlichen Zusammenhange. Solon erwähnt in
seiner Rede (c. 16, 159 B), dass wir unrecht handeln, indem
wir die Tiere töten. Dieser Gedanke wird in den letzten
capp. weiter entwickelt und begründet. Wir handeln um
so mehr unrecht, als die Tiere Vernunft haben wie wir. So
schliesst die Schrift ab mit der Behandlung eines Lieblings-
themas Plutarchs, worüber er mehrere Schriften verfasst
hat, nämlich de sollertia animalium, den Gryllus und die

beiden Schriften de esu carnium. Nach dem Gesagten dürfte
die Disposition doch keineswegs so unkünstlerisch und verworren sein, wie Meiners und Volkmann behaupten. Freilich ist dieselbe nicht streng durchgeführt, sondern mehrfach durch Exkurse unterbrochen. Dies hat eben der Verfasser unserer Schrift
deshalb gethan, um den natürlichen Gang der Unterhaltung
zu wahren. Indem aber Plutarch gerade politische und
soziale Dinge als Hauptthema wählte, hat er gezeigt, dass
er wohl wusste, was man sich unter den 7 Weisen mit Ausnahme des Thales vorzustellen habe, nämlich nicht etwa
Philosophen im späteren Sinne, sondern praktische Staats-
männer. Denn das war die Auffassung, welche man im
Altertume von den 7 Weisen hatte, und wie sie Plutarch
selbst im Leben Solons c. III, 80 B ausspricht. Die Stelle
lautet: „Φιλοσοφίας δὲ τοῦ ἠθικοῦ μάλιστα τὸ πολιτικόν, ὥςπερ οἱ πλεῖστοι τῶν σοφῶν, ἠγάπησεν .... Καὶ ὅλως ἔοικεν
ἡ Θάλεω μόνου σοφία τότε περαιτέρω τῆς χρείας ἐξικέσθαι
τῇ θεωρίᾳ, τοῖς δέ ἄλλοις ἀπὸ τῆς πολιτικῆς τοὔνομα τῆς
σοφίας ὑπῆρξε."

Was die Häufung der Anekdoten, Sprüche, Rätsel
u. s. w. betrifft, so mag uns das allerdings befremden und
als ein eitles Prunken mit gelehrten Dingen erscheinen.
Allein es stimmt dies völlig überein mit der sonstigen schriftstellerischen Thätigkeit Plutarchs, mit seiner Vorliebe für
das Anekdotenhafte, für Citate und sonstige gelehrte Bemerkungen. Und wenn dieselben hier noch mehr als sonst
gehäuft sind, so liegt dies im Wesen unserer Schrift. Dass
sie aber kritiklos durcheinander geworfen und oft förmlich bei
den Haaren herbeigezogen seien, wie Meiners und Volkmann
behaupten, habe ich wenigstens nicht empfunden.

Meiners bemerkt weiter, Plutarch habe die Sitten der
alten Zeit nicht so vergessen können, dass er die Eumetis
zu einer Tischgenossin der 7 Weisen gemacht hätte. Diese
Bemerkung erscheint auf den ersten Blick völlig überzeugend.
Ein jeder findet es sonderbar, dass ein junges Mädchen an

einem philosophischen Gastmahle teilnimmt. Sehen wir
aber genauer zu, so werden wir unschwer erkennen, warum
Plutarch dies gethan hat. Das Gastmahl der 7 Weisen sollte
nicht nur ein Gastmahl der 7 allein sein, sondern aller in
jener Zeit durch Weisheit hervorragenden Persönlichkeiten.
Deshalb nimmt auch Äsop am Gastmahle teil, und v. Wilamowitz bemerkt l. c. p. 198 ganz richtig, dass Aesop mit
seinen Fabeln von den 7 Weisen mit ihren Sprüchen nicht
zu trennen sei. Genau so verhält es sich mit der „weisen
und berühmten Eumetis, deren Ruhm im Rätseldichten sogar bis nach Ägypten gedrungen war" (conv. s. s. c. 3, 148
C und D.) Der Verfasser unserer Schrift hat allerdings das
Gefühl, dass es auffällig sei, ein junges Mädchen zu einem
derartigen Gastmahle beizuziehen. Er begründet deshalb in
c. 3, 148 C-E ziemlich ausführlich sein Verfahren durch den
Hinweis auf die vorzüglichen Eigenschaften der Eumetis,
welche sie würdig erscheinen lassen, mit den Weisesten zu
verkehren. Der griechischen Sitte widersprach es aber keineswegs, Frauen und Unerwachsene zu Gastmählern beizuziehen. Dies bezeugt Plutarch selbst qu. conv. l. VII,
qu. 8, c. 4, 712 E . . . . καὶ γυναικῶν συγκατακειμένων καὶ
παίδων ἀνήβων. Nicht unerwähnt möchte ich lassen, dass
dieselbe unzweifelhaft Ähnlichkeit hat mit dem Autolykos
im xenophonteischen Gastmahl. Beide sitzen als jüngere
Gäste. Von beiden wird erzählt, dass sie einmal erröten,
von Eumetis conv. s. s. c. 10. 154 B: ἡ μὲν Εὔμητις . . . .
καὶ ἀνεπλήσθη τὸ πρόσωπον ἐρυθήματος, von Autolykos Xenophon conv. c. 3, 12 (Dindorf): καὶ ὁ Αὐτόλυκος ἀνερυθρι-
άσας εἶπε. Beide entfernen sich vor Schluss des Gastmahls.
So gut aber Xenophon den Knaben Autolykos am Gastmahle
des Kallias teilnehmen liess, konnte schliesslich auch Plutarch die Eumetis am Gastmahle der 7 Weisen teilnehmen
lassen.

Meiners 5. Argument gegen die Echtheit unserer Schrift
stützt sich auf eine falsche Lesart in de Pythiæ oraculis c.

14, 401 B: *τὴν δέ Κορινθίαν* (statt Ῥοδίαν) *Εὔμητιν ἄχρι νῦν Κλεοβουλίνην πατρόθεν οἱ πλεῖστοι ὀνομάζουσιν* (Meiners und Wyttenbach citieren hier aus Versehen die Schrift de E Delphico.) Wyttenbach entkräftet in seinen animadversiones p. 201 diesen Einwand treffend durch den Hinweis auf die Lesart des besten cod. E, der Ῥοδίαν hat. Dass Ῥοδίαν unzweifelhaft richtig ist, und so geschrieben werden müsste, auch wenn es in keiner Handschr. stünde, beweist allein schon der Zusatz *Κλεοβουλίνην πατρόθεν.* Trotz alledem findet sich unbegreiflicher Weise in der Pariser Ausgabe von Duebner noch die Lesart *Κορινθίαν* und auch Herrmann hat l. c. p. 30 dasselbe ohne jegliche Bemerkung abgedruckt.

Schliesslich findet es Meiners noch auffällig, dass der Verfasser des Gastmahls nie des E Erwähnung thue, über welches Plutarch eine ganze Abhandlung geschrieben habe, dass er in dieser Schrift (de E Delphico) nichts von der angeblichen Zusammenkunft der griechischen Weisen bei Periander sage, und den letztern sogar sammt dem Kleobulus aus der Zahl derselben ausschliesse. Zur Erwähnung des E am Tempel zu Delphi war allerdings am Schlusse unserer Schrift, wo von mehreren Sprüchen der Weisen die Rede ist, die am Tempel zu Delphi angebracht waren, genügend Gelegenheit geboten. Indessen es lassen sich zwei Gründe denken, weshalb Plutarch dasselbe nicht erwähnte. In de E Delphico c. 3 nämlich erzählt Lamprias, der Bruder Plutarchs, die Sage, es seien ursprünglich bloss 5 Weisen gewesen, nämlich Solon, Chilon, Thales, Bias und Pittakus. Periander und Kleobulus hätten sich in die Zahl derselben erst eingedrängt, indem sie es durch ihre Macht, ihren Einfluss und ihre Freunde dahin gebracht hätten, dass man sie ebenfalls zu den Weisen rechnete. Erstere 5 nun hätten sich einmal in Delphi versammelt und hier am Tempel ein E anbringen lassen, was die Zahl 5 bedeute, und zwar zum Zeichen, dass sie mit Periander und Kleobulus nichts gemein haben wollten. Darnach ist es doch wohl klar, warum Plutarch das E unerwähnt gelassen hat. Er konnte doch in Gegenwart des Kleobulus und Periander nicht etwas erwähnen lassen, was die beiden aufs tiefste verletzt hätte. Allein wenn wir von genannter Erzählung ganz absehen, da dieselbe bei den übrigen Personen des Dialogs keinen Glauben findet, also historisch wenig beglaubigt erscheint, so konnte für Plutarch auch noch ein anderer Grund bestimmend sein, auf die Erwähnung des E zu verzichten. Die übrigen Sprüche, μηδὲν ἄγαν, γνῶϑι σεαυτόν und ἐγγύα, πάρα δ᾽ ἄτα, führt er eigentlich nur an, um ihre Bedeutung durch passende Homerverse zu erklären. Das würde aber bei dem E kaum möglich gewesen sein, zumal da über die eigentliche Bedeutung desselben die verschiedensten Erklärungen existierten. Auch der Einwand, dass in genannter Schrift Periander und Kleobulus gar nicht zu den 7 Weisen gerechnet seien, lässt sich nicht halten. Denn die oben erwähnte Erzählung des Lamprias findet, wie gesagt, keinen Anklang, ja Ammonius macht sich sogar darüber lustig, dass dieser ein Gebilde seiner Phantasie für bare Münze ausgeben wolle. Auch der Priester Nikander weiss von einer derartigen Erzählung nichts. Damit will aber Plutarch offenbar sagen, dass diese Überlieferung zwar existiere, aber keine Wahrscheinlichkeit für sich habe. Derselben Ansicht ist auch Bohren, de Septem Sapientibus, Dissertation. Bonn, 1867. p. 26.

Diese Bemerkung von Meiners führt uns nun auf die Frage, wer denn im συμπόσιον eigentlich zu den 7 Weisen gerechnet sei. Nach Meiners offenbar ausser den obengenannten 5 noch Kleobulus und Periander. Derselben Ansicht ist auch Herrmann, der sogar l. c. p. 22 und 23 ein Hauptmoment seines Beweises für den plutarchischen Ursprung unserer Schrift darauf gründet, dass er sagt, Plutarch habe hier genau dieselben unter die 7 Weisen gezählt wie in der Schrift de E Delphico und in der Vita Solonis, c. 12, 84 D. Bekanntlich herrschten über Zahl und Namen

der Weisen bereits seit Plato die verschiedensten Ansichten.
Bei Plato Protagoras 343 B steht Myson an Stelle Perianders.
Andere Autoren geben andere Namen und andere Zahlen,
manche sprechen von 10, ja 17 Weisen, so dass im ganzen
22 Namen sich finden. Darüber hat ausführlich gehandelt
Bohren l. c. p. 25—33. Nach Bohren sei an Stelle Mysons
allmählich Periander getreten, und zwar habe Demetrius Phalereus folgenden Kanon aufgestellt: Kleobulus, Solon, Chilon,
Pittakus, Thales, Bias, Periander. Dieser Kanon habe in
späterer Zeit allgemeine Giltigkeit gehabt. Prüfen wir nun
darnach die Beweisführung Herrmanns! Er sagt l. c. p. 25
„Bohrenus autem accurate demonstravit eo, quo Plutarchus
floruerit tempore, canonem sap. semper ita institutum fuisse,
ut Periander Mysonis, qui ignotus erat, locum occuparet.
Cum igitur omnino consentiat scriptor conv. cum Plutarcho,
ipso hoc quidem iam nunc perspicuum fit cum eodem fere
tempore scripsisse, quod postea canon ille multo aliter erat
constitutus.“ Herrmann spricht also von einem Kanon, wie
er zu Plutarchs Zeit existierte. Allein davon steht bei
Bohren nichts. Dieser spricht nur von einem früheren Kanon, nämlich dem des Plato, und einem späteren, der seit
Demetrius Phalereus Giltigkeit hatte (cfr. l. c. p. 32!). Auch
ist bei Bohren kein Wort davon zu lesen, dass in der Zeit
nach Plutarch ein anderer Kanon aufgestellt worden sei.
Die ganze Beweisführung Herrmanns beruht also auf einem
Trugschluss, auf falscher Interpretation einiger Stellen bei Bohren. Zudem ist dieselbe ganz umsonst, auch wenn sie logisch
richtig wäre. Periander ist nämlich in unserer Schrift gar nicht
zu den 7 Weisen gerechnet. Dies ersehen wir aus mehreren
Stellen. In c. 7 sprechen die Weisen ihre Ansicht aus über
die beste Alleinherrschaft, und zwar in der Reihenfolge:
Solon, Bias, Thales, Anacharsis, Kleobulus, Pittakus, Chilon.
Periander spricht erst als der 8. Dieselbe Reihenfolge ist in
c. 11 beobachtet. Auch in c. 12 sprechen wieder genau
dieselben Personen; nur darin ist ein Unterschied, dass

Anarcharsis zuerst spricht. Periander gibt hier sein Urteil
gar nicht ab. Dessen Stelle im Kanon der 7 Weisen nimmt
vielmehr in vorliegender Schrift Anacharsis ein. Dass Herrmann darauf nicht aufmerksam wurde, ist um so mehr zu
verwundern, als bereits Wyttenbach l. c. p. 235 und Bohren
l. c. p. 32 diese Beobachtung ausgesprochen haben.

Wie ist nun dieser Widerspruch mit der Angabe in
c. 3 der Schrift de E Delphico und in der Vita Solonis,
c. 12. 84 D zu erklären? Sehen wir uns die beiden Stellen
genauer an, so lassen sie wohl den Schluss zu, dass Plutarch
den später fast allgemein angenommenen Kanon der 7 Weisen, in welchem an die Stelle Mysons Periander getreten
war, ebenfalls acceptiert habe. Aber direkt spricht er sich
an keiner der beiden Stellen aus, sondern er referiert nur
die Ansichten anderer. Also gerät er streng genommen mit
seinen eigenen Worten nicht in Widerspruch. Für Periander konnte übrigens der Verfasser des Gastmahls leicht einen
andern der sonst noch zu den Weisen Gerechneten einsetzen,
da dieser ja von manchen aus der Zahl derselben ausgeschlossen wurde. Dass aber Periander wiederum häufig oder
in der Regel unter die 7 Weisen gezählt wurde, wollte der
Verfasser unserer Schrift vielleicht dadurch andeuten, dass
er denselben zweimal an achter Stelle sein Urteil ab-
geben, ihn also gewissermassen als den achten Weisen erscheinen lässt.

Wenn es uns in Vorstehendem auch gelungen ist, sämmtliche Einwürfe von Meiners zu widerlegen, so müssen wir
doch anerkennen, dass sie mit viel Scharfsinn ausgedacht
sind. Ebenso verhält es sich mit den Einwänden Volkmanns.
Auf den einen derselben, der sich mit einer Behauptung
von Meiners deckt, nämlich bezüglich der Disposition des
Gastmahls der 7 Weisen, bin ich bereits oben gelegentlich
eingegangen.

Der erste Tadel, welchen Volkmann gegen unsere
Schrift ausspricht, geht dahin, dieselbe sei ein Produkt

der Sophistik. Allein l. c. I, p. 202 gesteht er selbst zu,
dass auch Plutarch sich in der Behandlung eines derartigen
sophistischen Themas leicht versuchen konnte, und p. 67, wo
er von Plutarchs Verhältnis zur Sophistik spricht, bemerkt
er ausdrücklich, dass derselbe der Sophistik keineswegs
so fernstehe, als man gewöhnlich annehme, obgleich er selbst
sich als einen Gegner der Sophisten betrachte. In der That
sind denn auch mehrere plutarchische Schriften in sophi-
stischem Geiste abgefasst. Volkmann sagt selbst von der
Abhandlung, Ob das Wasser oder das Feuer nützlicher sei,
dass sie ursprünglich wahrscheinlich eine sophistische Dekla-
mation war. Also selbst zugegeben, das Gastmahl der 7
Weisen sei sophistisch, so spricht dies gleichwohl nicht gegen
Plutarchs Autorschaft.

Volkmann findet es ferner auffällig, dass wir nicht er-
fahren, wie die 7 Weisen nach Korinth gekommen seien,
sondern dass sie uns einfach als in Korinth befindlich vorge-
führt werden. Herrmann widerlegt diesen Einwand l. c. p.
11 mit unzureichenden Gründen, auf die ich nicht näher eingehen will. Die Lösung dieser Frage ist eine ziemlich einfache. Diokles erzählt dem Nikarch und den übrigen Anwesenden, welche über den Hergang beim Gastmahle der
7 Weisen falsch belehrt waren, den wahren Sachverhalt.
Die Erzählung des Gastmahls bildet nur die Fortsetzung
einer zwischen den genannten Personen gepflogenen Unterhaltung. Und da sich dieselbe wahrscheinlich schon eine
Zeit lang um diesen Gesprächsstoff drehte, ist anzunehmen,
dass auch bereits zur Besprechung gekommen war, wie und
aus welchem Anlasse die 7 Weisen nach Korinth gekommen
waren. Der Verfasser des Gastmahls führt uns also sofort
in medias res. Das ist aber keineswegs unkünstlerisch. Zudem verhält es sich hier genau so, wie in einigen andern
plutarchischen Schriften. So führt uns Plutarch im Gryllus
sofort den Odysseus mit Circe in der Unterhaltung begriffen
vor, auch hier schickt er keine Einleitung voraus, wie und

wann Odysseus zu Circe kam, und was sich bis zu diesem
Gespräche zugetragen hatte, sondern der Dialog beginnt sofort mit den Worten: Ταῦτα μέν, ὦ Κίρκη, μεμαθηκέναι δοκῶ
καὶ διαμνημονεύειν. Ebenso beginnt die Schrift de sera nu-
minis vindicta ganz ex abrupto mit den Worten: Τοιαῦτα
μέν ὁ Ἐπίκουρος εἰπών, ὦ Κύριε . . .

Hingegen muss ich Volkmann in dem beistimmen,
was er über den Brief des Amasis (c. 6 und 8) sagt. Herrmann sucht hier l. c. p. 12 etwas zu widerlegen, was Volkmann gar nicht behauptet hat. Letzterer wendet sich nicht
dagegen, dass das Verlesen des Briefes unterbrochen wird.
Vielmehr wenn Volkmann sagt: „Wir denken, der Brief sei
bis zu Ende vorgelesen . . .", so soll das offenbar heissen:
die letzten Worte des betreffenden Abschnittes enthalten einen Schlussgedanken. Und das ist auch thatsächlich der Fall
bei den Worten: ἃ δὲ δεῖ φίλοις σοῖς ἢ πολίταις γενέσθαι
παρ᾽ ἡμῶν οὐ τἀμὰ κωλύσει. Auch fällt es auf, dass der
zweite Teil des Briefes weiter nichts enthält als die Fragen
des Amasis und die entsprechenden Antworten des Aethio-
pierkönigs, und dass dieselben ohne jeglichen Zusammenhang mit dem Früheren verlesen werden. Wie dem nun
auch sei, jedenfalls sind wir nicht berechtigt, aus einer
solchen Einzelheit etwa einen Schluss zu ziehen auf die Unechtheit einer Schrift.

Wie verhält es sich aber mit „der lasciven Deutung des
Wunderzeichens" (c. 3), wie sich Volkmann ausdrückt? Er
meint jedenfalls, dieselbe sei unpassend im Munde eines Weisen und widerspreche der religiösen Gesinnung Plutarchs.
Freilich als Wunderzeichen aufgefasst, würde uns diese Erklärung höchst auffällig erscheinen. Aber Thales will auf die
Frage Perianders, ob die Geburt des Kentauren als Wunderzeichen aufzufassen oder bedeutungslos sei, eigentlich doch nur sagen, dass eine solche nichts Auffälliges an sich habe, sondern
auf ganz natürlichem Wege vor sich gehe, also keineswegs als
Wunderzeichen zu betrachten sei. Dies stimmt aber vollkom-

men überein mit den sonstigen Anschauungen Plutarchs. Im
Gryllus c. 7 ist von dem gleichen Gegenstande die Rede. Gryllus sagt hier, aus dem geschlechtlichen Umgange von Menschen
mit Ziegen, Schweinen und Pferden stammten die Minotauren,
Pane, Sphinxen und Kentauren ab. Und aus der Schrift de superstitione lernen wir Plutarch kennen als einen Mann, der
zwar an der überlieferten Religion festhält, aber frei ist von
jeglichem Aberglauben, und, wie wir aus c. 8 der genannten
Schrift ersehen, derartige Wunderzeichen auf natürliche Weise
gedeutet wissen will. Herrmann, der diesen Punkt ebenfalls
bespricht, gründet seine Widerlegung Volkmanns darauf, dass
er sagt, die Deutung eines ähnlichen Wunderzeichens werde
bereits dem Äsop zugeschrieben und finde sich in den Fabeln
des Phaedr. III, 3. Die Notiz steht bereits in den animadversiones Wyttenbachs p. 223 zu 149 E. Indessen ich meine,
der Umstand, dass dies eine althergebrachte Erzählung ist,
kann die Hereinziehung ins Gastmahl wohl einigermassen
entschuldigen, aber keineswegs rechtfertigen, vorausgesetzt,
dass man sie wirklich für lasciv hält.

Ungerechtfertigt ist ferner Volkmanns Bemerkung über
das Verhalten der Eumetis, ja ich möchte fast sagen, gefühl-
los. Denn wie man bei einem jugendlichen, kaum dem
Kindesalter entwachsenen Mädchen, das zudem in seinem
ganzen Wesen so viel Bescheidenheit und Schamgefühl zeigt,
von einem „hetärenhaften Auftreten dieser Schönen" sprechen
kann, ist doch unbegreiflich. Dasselbe hat auch Herrmann
l. c. p. 13 richtig gegen Volkmann hervorgehoben.

Wenn nun auch Volkmann die bisher erwähnten Einzelheiten höchst auffällig findet, so will er doch keineswegs
darauf den Schluss gründen, als sei die Schrift deshalb nicht
plutarchisch. Hingegen scheinen ihm drei Gründe für die
Unechtheit derselben völlig entscheidend zu sein.

Der erste betrifft die Rede Solons in c. 16. Dieselbe
enthalte nichts als Unsinn, laufe auf eine abgeschmackte
Übertreibung hinaus, sei zusammenhangslos u. s. w. Mit die-

ser Behauptung zeigt Volkmann, dass er den Grundgedanken
der Rede völlig missverstanden hat. Denn dieselbe enthält
im Wesentlichen nichts anderes als die Rede des Sokrates
in Platos Phädon 64 A — 67 B. Dass letztere dem Verfasser
des Gastmahls vorgeschwebt hat, sehen wir nicht allein aus
dem ganzen Inhalt der beiden Reden, sondern auch aus einzelnen Stellen und Ausdrücken. Volkmann wird aber schwerlich behaupten wollen, dass die Rede des Sokrates etwa
Unsinn enthalte. Indessen es dürfte überflüssig sein, darüber
noch weitere Worte zu verlieren, nachdem Muhl l. c. p. 27
Volkmanns Behauptung trefflich widerlegt hat. Wie befan-
gen übrigens Volkmann in seinem Urteile ist, sehen wir da-
aus, dass er sich an den Worten stösst: ὥσπερ ἠμέλει καὶ
ἡμεῖς ἄρτι μὲν οὐθ᾽ ἑωρῶμεν ἀλλήλους οὔτ᾽ ἠκούομεν, ἀλλ᾽
ἕκαστος ἐγκεκυφὼς ἐδούλευε τῇ περὶ τὴν τροφὴν χρείᾳ. Er
sagt, dieselben stünden im Widerspruch mit der Stelle in
c. 4, wo es heisst, dass sie auch während des Essens sprachen
und scherzten. Dass obige Worte, in denen allerdings eine
kleine Übertreibung liegt, nicht so wörtlich aufzufassen sind,
ist doch selbstverständlich.

Ferner behauptet Volkmann, dass die Stellen bei Porphyrius de abstinentia, III, 26, p. 153, 10. III, 27, p. 156,
3 und IV, p. 186, 23 (ed. Nauck), welche mit drei Stellen
in der solonischen Rede übereinstimmen, nicht etwa aus dem
Gastmahle der 7 Weisen entlehnt seien, sondern dass umgekehrt Porphyrius als Quelle zu betrachten sei. Diese Behauptung ist ebenso unhaltbar wie die vorhergenannte bezüglich der Rede Solons. Sie steht und fällt mit dieser. Indessen
ich will mich hier auf eine Vergleichung der oben genannten Stellen selbst beschränken und den Nachweis zu führen
versuchen, dass die Stellen des Gastmahls plutarchisch und
als Original erscheinen, während die bei Porphyrius den
Eindruck der Nachahmung machen. Um jedoch nicht von
falschen Voraussetzungen auszugehen wie Volkmann, muss
ich einige Bemerkungen vorausschicken über Porphyrius und

2*

seine Methode beim Exzerpieren. Volkmann nennt l. c. p.
204 den Porphyrius zwar gelehrt, aber kritiklos. Hören wir
hingegen, wie Zeller über ihn urteilt! Er sagt in seiner
Gesch. d. gr. Ph. T. III, A. II, 3. Aufl. p. 636: „Ein weit
freierer und hellerer Geist (nämlich als Amelius) ist der
Tyrier Porphyrius. Die Gelehrsamkeit, der Scharfsinn, die
sittlich reine Gesinnung dieses Mannes verdient alle Aner-
kennung." Und p. 640 nennt ihn Zeller „einen scharfsichti-
gen Kritiker." In demselben Sinne spricht sich auch Ed.
Baltzer aus in der Einleitung zu seiner Übersetzung von Porphyrius de abstinentia. Er führt p. 3 eine Reihe von Stellen
aus dem Altertume an, in denen Porphyrius selbst von seinen
Feinden der Ruhm eines hervorragenden Philosophen und
ausgezeichneten Denkers nicht bestritten wird. Und Jak.
Bernays Theophrastos' Schrift über Frömmigkeit, Berlin 1866,
nennt ihn p. 3 „einen philosophischen Kopf aus ganz anderem Guss als der geistlose Grammatiker Athenäus und der
nicht eben geistreiche Geistliche Eusebius." Diese Citate
mögen genügen, um Porphyrius von dem ihm fälschlich gemachten Vorwurfe der Kritiklosigkeit zu reinigen. Ebenso
unrichtige Vorstellungen hat Volkmann über Porphyrius als
Epitomator. Er sagt l. c. p. 208: „Denn im ganzen pflegt
er (näml. Porphyrius), wie dies Jak. Bernays in seiner vor-
trefflichen Arbeit über Theophrasts Schrift über die Frömmigkeit S. 24 ff gezeigt hat, bei der Wiedergabe der von ihm
benutzten Citate s e h r t r e u zu verfahren". Von einer Stelle
allerdings, de abst. p. 45, 16—46, 7, wissen wir, dass sie ad
verbum aus Plutarch de soll. anim. c. 6 abgeschrieben ist.
Vgl. Bernays, l. c. p. 6 und 7! In der Regel jedoch war
dies nicht der Fall. Denn Jak. Bernays behauptet fast gerade das Gegenteil. Er sagt l. c. p. 24, Porphyrius habe
sich Auslassungen von Sätzen und Satzgliedern gestattet, und
p. 25, er habe innerhalb der Sätze und Satzglieder ohne Not
sich keine Abweichungen erlaubt, sich jedoch nicht gescheut
vor kleinen Streichungen, kleinen Zusätzen und kleinen

Wörtertausch. Und p. 3, wo Jak. Bernays die Exzerpier-
methode des Porphyrius im allgemeinen charakterisiert, heisst
es wörtlich folgendermassen: „Zu reiner Fingerarbeit bringt
Porphyrius es nirgends... Obwohl er durchschnittlich dem
Wortlaut seiner Quellen nahe bleibt, so erlaubt er sich doch
innerhalb der exzerpierten Stücke Auslassungen des für seinen augenblicklichen Zweck Unwesentlichen; er verwebt
eigene Zuthaten in das Entlehnte; kleinere stilistische Än-
derungen gestattet er sich unbedenklich." Das ist aber doch
kein besonders treues Verfahren.

Prüfen wir nun darnach die obengenannten gleichlauten-
den Stellen*), so kommen wir genau zu demselben Resultate
wie Bernays. Der Text bei Porphyrius ist teils kürzer als
der im Gastmahle teils durch Zuthaten erweitert, je nachdem es der augenblickliche Zweck erheischte. So hat Porphyrius an der einen Stelle, de abst. III, 26 p. 153, 10
(vergl. conv. s. s. c. 16, 159 C!), den Satz $\gamma \epsilon \gamma \dot{\eta} \delta \dot{\epsilon} \mu \dot{\iota} \alpha$ . . .
$\gamma \epsilon \nu \dot{\epsilon} \sigma \vartheta \alpha \iota$ vollständig weggelassen. Mit Recht. Denn er enthält nur einen Zwischengedanken und ist für die fortlau-
fende Gedankenentwickelung völlig überflüssig, ja geradezu
störend. Denn die Worte $\ddot{\phi} \delta \dot{\epsilon} \ddot{\alpha} \nu \epsilon \nu \varkappa \alpha \varkappa \dot{\omega} \sigma \epsilon \omega \varsigma \dot{\epsilon} \tau \epsilon \varrho \sigma \nu \tau \dot{\eta} \nu$
$\alpha \dot{\upsilon} \tau \sigma \ddot{\upsilon} \sigma \omega \tau \eta \varrho \dot{\iota} \alpha \nu \dot{\alpha} \mu \dot{\eta} \chi \alpha \nu \sigma \nu \dot{\sigma} \vartheta \epsilon \dot{\delta} \varsigma \pi \epsilon \pi \sigma \dot{\iota} \eta \varkappa \epsilon, \tau \sigma \dot{\upsilon} \tau \dot{\omega} \tau \dot{\eta} \nu \varphi \dot{\upsilon} \sigma \iota \nu$
$\dot{\alpha} \varrho \chi \dot{\eta} \nu \dot{\alpha} \delta \iota \varkappa \dot{\iota} \alpha \varsigma \pi \varrho \sigma \sigma \dot{\epsilon} \vartheta \epsilon \iota \varkappa \epsilon \nu$, würden sich ohne denselben
an das Vorausgehende besser anschliessen, und man wäre
sehr versucht, diesen Satz als Glossem zu betrachten, wenn
nicht ganz derselbe Gedanke sich in der Schrift de comm.
not. 1068 C fände. Es ist eben anzunehmen, Porphyrius
habe diesen Satz mit richtigem Blicke als für die eigentliche
Gedankenfolge störend erkannt und deshalb weggelassen.
Jedenfalls ist man aber deshalb, weil der Zusammenhang
bei Porphyrius leichter verständlich ist, noch lange nicht berechtigt, etwa in der Stelle desselben das Original zu sehen.
Wir erkennen im Gegenteil in der Stelle des Gastmahls den

---

*) Ich verweise auf Volkmann, der sie ihrem Wortlaute nach neben
einander gestellt hat.

zu möglichst breiter Darstellung geneigten Plutarch, und in
der Stelle bei Porphyrius den geschickten, alles Überflüssige
beiseite lassenden Epitomator.

Ganz ähnlich, nur in umgekehrtem Verhältnisse, steht
es mit der folgenden Stelle, Porphyr. III, 27, p. 156, 3 (Vgl.
conv. s. s. 160 B und C!). Hier hat Porphyrius zur Ver-
deutlichung des in der That nicht so leicht herzustellenden
Zusammenhangs zwischen den beiden Sätzen ἀλλ᾽ ὥσπερ εἰ
. . . und ὥσπερ οὖν οἱ δουλεύσαντες . . . . . einen länge-
ren Zwischengedanken eingeschoben, der aber keineswegs
direkt auf Porphyrius zurückgeht, sondern nach v. Wilamowitz l. c. p. 209 Anm. aus Dikäarch stammt, nicht aus Xeno-
krates, wie Herrmann l. c. p. 74 vermutet. Diese Einschal-
tung lässt aber ebensowenig wie obige Auslassung den Schluss
zu, dass Porphyrius hier als Original zu betrachten sei. Vielmehr weist die Stelle des Gastmahls einige sprachliche Eigentümlichkeiten Plutarchs auf, die Porphyrius in seinem
Excerpte vermieden hat. Die zwei langen Vergleichungs-
sätze, mit ἀλλ᾽ ὥσπερ εἰ und ὥσπερ οὖν beginnend, sind echt
plutarchisch. Häufige Vergleiche und lange, oft unübersicht-
liche Perioden sind charakteristisch für die Schreibweise
Plutarchs. Porphyrius hat in beiden Fällen die oben genannten langen Sätze zum leichteren Verständnisse in zwei
zerlegt. Plutarch gebraucht ferner häufig zwei Ausdrücke
zur Veranschaulichung eines einzigen Begriffes. Dasselbe
findet sich auch hier. Τίνα βίον βιώσονται καὶ τί πράξουσιν
und τῆς περὶ τὸν πίθον λατρείας καὶ πληρώσεως heisst es im
Gastmahl, echt plutarchisch. Aber τί πράξουσιν besagt so
wenig etwas Neues als πληρώσεως. Das war denn auch der
Grund, weshalb der Epitomator Porphyrius beide Ausdrücke
wegliess. Liegt es ja doch im Wesen des Excerptes, dass
man alles Unnötige beiseite lässt und sich nur auf die Wiedergabe des Wichtigsten beschränkt. Indessen jede weitere
Beweisführung wird überflüssig sein, wenn wir die mit ὥσπερ οὖν beginnende Periode vergleichen mit der nach Form

und Inhalt ganz ähnlichen Stelle qu. conv. l. V, prooem.
Die Uebereinstimmung ist zu frappant, als dass ich beide
Stellen hier nicht wörtlich neben einander anführen sollte.

conv. c. 16, 160 C. ὥςπερ
οὖν οἱ δουλεύσαντες, ὅταν
ἐλευθερωθῶσιν, ἃ πάλαι τοῖς
δεσπόταις ἔπραττον ὑπηρε-
τοῦντες, ταῦτα πράττουσιν
αὐτοῖς καὶ δι᾽ αὑτούς.
οὕτως ἡ ψυχὴ νῦν μὲν
τρέφει τὸ σῶμα πολλοῖς πόνοις καὶ ἀσχολίαις, εἰ δ᾽
ἀπαλλαγείη τῆς λατρεί-
ας, αὐτὴν δήπουθεν ἐ-
λευθέραν γενομένην
θρέψει καὶ βιώσεται
εἰς αὑτὴν ὁρῶσα καὶ τὴν
ἀλήθειαν, οὐδενὸς περισπῶν-
τος οὐδ᾽ ἀπάγοντος.

qu. conv. l. V, prooem.
ὥςπερ οὖν αἱ τὰ βρέφη
ψωμίζουσαι τροφοὶ μικρὰ μετ-
έχουσι τῆς ἡδονῆς· ὅταν δ᾽ ἐ-
κεῖνα κορέσωσι καὶ κοιμί-
σωσι παυσάμενα κλαυθμυρι-
σμῶν, τηνικαῦτα καθ᾽ ἑαυτὰς
γιγνόμεναι τὰ πρόσφορα
σιτία λαμβάνουσι καὶ ἀπολαύ-
ουσιν, οὕτως ἡ ψυχὴ τῶν
περὶ πόσιν καὶ βρῶσιν ἡδο-
νῶν μετέχει . . . τὰς ἐπιθυ-
μίας· ὅταν δ᾽ ἐκεῖνο μετρίως
ἔχῃ καὶ ἡσυχάσῃ, πραγμά-
των ἀπαλλαγεῖσα καὶ
λατρείας ἤδη τὸ λοιπὸν
ἐπὶ τὰς αὑτῆς ἡδονὰς
τρέπεται . . .

Von den beiden übrigen Stellen gleichen Inhaltes, nämlich conv. s. s. 160 A und Porphyr. de abst. IV, p. 186,23,
behauptet Volkmann, beide stünden in keinem Zusammenhang, sondern gingen zurück auf ein und dieselbe Bemerkung irgend eines Kommentators zu der betreffenden Homerstelle Il. E 341 ff. Diese Annahme klingt höchst unwahrscheinlich. Wenn nämlich Porphyrius die beiden andern
Stellen aus dem Gastmahle abgeschrieben hat, so ist doch
anzunehmen, dass auch die dritte, welche ebenfalls mit einem
Passus desselben übereinstimmt, als eine Reminiscenz daraus
zu betrachten ist. Dasselbe würde umgekehrt auch für Plutarch gelten, gleichviel wen man nun als ursprüngliche
Quelle betrachten will. Volkmann liess sich wohl deshalb
zu obiger Annahme verleiten, weil ihm die Stelle unbequem

war. Denn die Stelle des Gastmahls mit dem Homercitat
macht ganz den Eindruck der Originalität, während die kürzere
Fassung bei Porphyrius, der die Homerstelle ausgelassen hat,
als Nachahmung erscheint. Auch ist hier wiederum der er-
klärende Zusatz ὡς μὴ μόνον . . . echt plutarchisch.

Zum Schlusse erübrigt uns noch, das dritte und letzte
Argument Volkmanns zu widerlegen. Er sagt nämlich, Stobaeus habe 3 Stellen des Gastmahls seinem Florilegium
einverleibt, ohne den Namen Plutarchs zu nennen. Denselben habe er aber sonst nur dann weggelassen, wenn er
Apophthegmen oder Citate aus Plutarch in sein Werk aufgenommen habe. Daraus, so folgert Volkmann weiter, lasse
sich schliessen, dass Stobaeus das Gastmahl bereits als eine
herrenlose Schrift vorgefunden habe. Herrmann widerlegt
l. c. p. 18 Volkmanns Behauptung dadurch, dass er sagt,
Stobaeus habe ganz nach seiner sonstigen Gewohnheit den
Namen weggelassen, weil es sich an allen drei Stellen um
nichts anderes als Apophthegmen handle. Dies ist in der
That die richtige Widerlegung, wenn die drei Stellen bei
Stobaeus aus dem Gastmahle stammen. Allein ich halte es
keineswegs für so sicher feststehend, dass dieselben unserer
Schrift entnommen sind. Die eine Stelle allerdings, Stob.
floril. T. III, p. 138 stimmt vollständig überein mit conv.
s. s. c. 12, 155 C - E. Namentlich deutet hier der Anfang
mit der im Gastmahle gebrauchten Übergangspartikel οὖν
auf wörtliche Entlehnung. Ebenso der Umstand, dass bei
Stobaeus nur 6 Weisen ihre Ansichten über das Hauswesen
aussprechen. Denn es entging ihm ganz, dass im conv. s. s.
Bias schon vorher in zusammenhängender Rede seine Meinung dargelegt hatte. Darnach ist es höchst wahrscheinlich,
dass diese Stelle des Stobaeus aus dem Gastmahle entlehnt
ist, aber trotzdem nicht zweifellos, um so mehr, als die
beiden andern Stellen des Stobaeus mit dem Gastmahle nicht
vollständig übereinstimmen. Mit Unrecht sagt nämlich Herrmann l. c. p. 16: „Stobaeus autem tres locos convivii plane trans-

tulit . . ." und p. 19: „ , . . quamquam Plutarchum ad li-
teram exscripserat." Denn bei Stob. floril. T. II, p. 258 findet
sich, von kleineren Verschiedenheiten abgesehen, ein ganz
anderer Ausspruch Chilons wie im Gastmahle c. 7. Ebenso
stimmen conv. s. s. c. 11, 154 D - F und Stob. floril. II, p.
135 nicht vollständig überein. Denn bei Stobaeus ist an
Stelle des Anacharsis Periander gesetzt. Auch ist der Ausspruch des Pittakus bei Stobaeus kürzer gefasst als im Gastmahle. Freilich deuten auch die Anfänge der beiden letzteren Stellen auf eine Herübernahme aus dem Gastmahle
ähnlich wie oben bei der zuerst genannten, und es wäre
ja schliesslich nicht unmöglich, dass Stobaeus neben dem Gastmahle des Plutarch noch eine andere Quelle, etwa irgend
eine Apophthegmensammlung, benutzt hat. Das wäre dann
zugleich ein anderer Grund, weshalb Stobaeus das Gastmahl
nicht citierte. Nämlich deshalb, weil er es nicht als aus-
schliessliche Quelle benutzte. Aber wenn auch das letztere
der Fall gewesen wäre, so würden wir, wie oben erwähnt,
gleichwohl nicht zu den Folgerungen berechtigt sein, wie
sie Volkmann gezogen hat.

Das sind die Einwände, welche gegen die Echtheit unserer Schrift erhoben worden sind. Und deren sind es gewiss nicht wenige. Aber ich glaube nicht irrezugehen, wenn
ich behaupte, alle, welche das Gastmahl der 7 Weisen für
unecht erklären, machen hauptsächlich den Fehler, dass sie
Plutarch überschätzen und den Wert des Konviviums zu
niedrig taxieren. Sind doch in den quaest. conv. Themen
behandelt, welche weit weniger verdienen gelesen zu werden
als das Gastmahl der 7 Weisen. Auch sind manche der vor-
gebrachten Gründe zu gesucht und an den Haaren herbeigezogen. Es ist ja in der That nicht schwer, schliesslich in
jeder Schrift die eine oder andere Auffälligkeit nachzuweisen.
So liesse sich die Zahl der Einwände in vorliegendem Falle
noch vermehren. Man könnte es auffällig finden, dass unsere
Schrift nirgends citiert ist, obwohl doch Plutarch zur Zeit

des ausgehenden Heidentums und des Neuplatonismus einer
der meistgelesenen Schriftsteller war. Man könnte namentlich das auffällig finden, dass Athenäus und Proklus, die
doch bekanntermassen sonst Plutarch häufig benützten, denselben bei einem Gegenstande, der im conv. s. s. ziemlich
ausführlich behandelt ist, nicht citierten, sondern einen viel
weniger bekannten Schriftsteller, den Hermippus. Nämlich
Athenäus II, p. 58 F und Proklus in seinem Kommentar zu
Hesiod "Ἔργα 40 citieren bei Erwähnung der ἄλιμος δύναμις
des Epimenides nicht das Gastmahl der 7 Weisen, sondern
den Hermippus Callimacheus. Aber darauf liesse sich er-
widern: Athenäus und Proklus citierten den Hermippus
deshalb, weil dieser über besagten Gegenstand entweder
ausführlicher gehandelt hatte, oder weil sie denselben als
sie die beste oder ursprüngliche Quelle betrachteten.

III.

Was erfahren wir im Gastmahle der 7 Weisen über Plutarch?

1. Plutarchs Lebensverhältnisse.

Aus meiner Widerlegung der einzelnen Einwände gegen die Echtheit des Gastmahls der 7 Weisen dürfte jedem
unbefangen Urteilenden bereits zur Genüge klar geworden sein,
dass an dem plutarchischen Ursprunge desselben nicht zu zwei-
feln ist. Hatte ich doch mehrfach Gelegenheit, auf spezifisch
plutarchische Eigentümlichkeiten der Schrift hinzuweisen.
Indessen dieselbe gibt uns noch eine Reihe anderer positiver
Aufschlüsse an die Hand, ja ich möchte behaupten, es spie-
gelt sich im συμπόσιον τῶν ἑπτὰ σοφῶν in nuce Plutarchs
ganze Persönlichkeit.

Plutarch zeigte bekanntlich treue Anhänglichkeit an
seine Heimat Böotien (Vgl. Muhl. l. c. p. 25!). Daher citiert
er auch in seinen Schriften mit Vorliebe seine beiden Lands-
leute Hesiod und Pindar. So beginnt die Schrift aqua an
ignis sit utilior mit je einem Citate aus den beiden Dichtern.

Auch im Gastmahle spielt Hesiod eine hervorragende Rolle.
Die vielen Citate aus seinen Gedichten bekunden die Vor-
liebe des Verfassers des Gastmahls für denselben. Ausser-
dem ist der musische Sieg erwähnt, welchen Hesiod über
Homer davongetragen haben soll.*) Und wie hier von der
Vortrefflichkeit desselben als Dichter die Rede ist, so werden
im Anschlusse an die Erwähnung der ἄλιμος δύναμις des
Epimenides seine naturwissenschaftlichen und medizinischen
Kenntnisse gerühmt in der Stelle 158 B: ἰατρικὸς γὰρ ὢν
Ἡσίοδος . . . Schliesslich wird die Todesart desselben ziem-
lich ausführlich geschildert. Diese ersichtliche Vorliebe aber
für genannten Dichter passt für niemand besser als für
Plutarch.

Die gleiche Liebe und Hingebung, wie an seine Heimat
Böotien, zeigte Plutarch auch gegenüber seinen Angehörigen
und Freunden. Ihnen allen hat er in seinen Schriften ein
bleibendes Denkmal gesetzt. Daher ist es auch nicht unwahrscheinlich, dass er den im Gastmahle vorkommenden
Personen Züge ihm nahestehender Persönlichkeiten beigelegt
hat. Diese Frage wird sich jedoch nicht eher entscheiden
lassen, als bis wir wissen, was in unserer Schrift fremden
Quellen entlehnt ist, und was von Plutarch selbst herrührt.
Hier mögen nur einige Bemerkungen Platz finden über die
Namen Nikarch und Diokles.

Herrmann erwähnt l. c. p. 12 mit Recht, dass der Name
Nikarch, an den nebst einigen andern die Erzählung des Gastmahls gerichtet ist, deswegen gewählt sei, weil der Urgrossvater Plutarchs so geheissen habe. Es entsteht nun die
weitere Frage nach der Person des Diokles, welcher über
das Gastmahl Bericht erstattet. Wir wissen, dass Diokles

---

*) Jedoch hüte man sich, eine besondere Vorliebe des Ver-
fassers unserer Schrift für Hesiod etwa daraus abzuleiten, dass er denselben über Homer siegen lässt. Denn das war, wie sich aus dem
ἀγὼν Ὁμήρου καὶ Ἡσιόδου ergibt, eine allgemein angenommene Ver-
sion.

Magnes aus der Zeit Ciceros eine ἐπιδρομὴ φιλοσόφων
schrieb, die nach Nietzsche, Rhein. Mus. N. F. XXIII, 632
ff. eine der hauptsächlichsten Quellen des Diogenes Laërtius
bildete. Nun findet sich aber eine Reihe von Notizen über
die 7 Weisen, welche das Gastmahl enthält, zugleich auch
bei Diogenes Laërtius. Es liegt daher die Vermutung nahe,
dass auch Plutarch bei der Abfassung genannter Schrift das
nötige Material über die 7 Weisen aus Diokles entlehnte,
und deswegen demjenigen, welchen er das Gastmahl er-
zählen lässt, den Namen Diokles beilegt. Die Lebenszeit
desselben passt nämlich auch vorzüglich zu der Nikarchs.
Von letzterem sagt Plutarch in der vita Antonii c. 68, dass
er die Schlacht bei Aktium erlebte. Und da er über ein
Vorkommnis vor der Schlacht, die Kontributionen des An-
tonius betreffend, aus eigener Anschauung genau Bescheid
zu erteilen weiss, so muss er damals mindestens erwachsen
gewesen sein. Diokles aber war ein Zeitgenosse Ciceros,
also bedeutend älter. Darauf deuten auch im conv. s. s. 146
C. die Worte: καὶ τὸ γῆρας οὐκ ἀξιόπιστον ἐγγυήσασθαι τὴν
ἀναβολὴν τοῦ λόγου. Diokles erscheint also bereits als Greis,
während diejenigen, an welche die Erzählung gerichtet ist,
darunter Nikarch, vielleicht als seine Schüler zu denken
sind. Wenn nun diese Annahme richtig ist, so beweist sie
zwar zunächst nichts für Plutarch als den Autor des Gastmahls. Aber abgesehen davon, dass wir dadurch Aufschluss
erhalten vielleicht über die hauptsächlichste Quelle, welche
der Verfasser unserer Schrift benützte, dient sie zugleich
mit als Stütze dafür, dass unter Nikarch der Urgrossvater
Plutarchs zu denken sei.

Hier sei zugleich noch hingewiesen auf eine Bemer-
kung von Wilamowitz - Möllendorffs bezüglich des Arztes
Kleodoros. Er sagt l. c. p. 217: „Das störende Element der
Gesellschaft für Plutarch bezeichnender Weise ein Arzt."
Der Arzt Glaukos hatte nämlich über Plutarchs Gesundheits-
vorschriften eine ungünstige Kritik gefällt. Ich kann dieser

Annahme aus verschiedenen Gründen nicht beipflichten. Fürs erste nämlich wissen wir nicht, ob Plutarchs Vortrag über Gesundheitsvorschriften vor der Abfassung des συμπόσιον gehalten war. Sodann kann ich Plutarch nicht für so kleinlich halten, dass er die freimütige Kritik des Glaukos so übel aufgenommen habe. Und drittens zählte Plutarch ja auch Ärzte zu seinen Freunden, nämlich den Philon und Tryphon. Was aber die Äusserung des Kleodoros selbst betrifft, dass es für Eumetis wohl passe, den Frauen Rätsel vorzulegen, dass dies sich aber für Männer nicht schicke, denn diese Stelle (c. 10, 154 B) hat von Wilamowitz im Auge, so spricht Plutarch selbst (qu. conv. l. V, prooem. 5, genau dieselbe Ansicht aus, nämlich dass nur ungebildete Leute, die keine andere Unterhaltung kennen, einander nach der Mahlzeit Rätsel u. s. w. aufgeben.

2. Plutarchs schriftstellerische Thätigkeit.

a. Plutarch als Stilist.

Können wir nach den obigen Auseinandersetzungen bereits auf gewisse Lebensverhältnisse Plutarchs aus unserer Schrift Schlüsse ziehen, so werden wir unser Urteil, dass kein anderer der Verfasser des Gastmahls sein kann, noch mehr bestätigt finden, wenn wir die Sprache in genannter Schrift vergleichen mit den sonstigen stilistischen Eigentümlichkeiten Plutarchs.

Als eine hauptsächliche Eigentümlichkeit der plutarchischen Diktion ist die zuerst von Benseler*) beobachtete Thatsache anzuführen, dass Plutarch den Hiat vermieden hat. Die Frage ist nur, ob er sich hiebei an bestimmte Gesetze gebunden und dieselben peinlich eingehalten hat. Das letztere nimmt wenigstens Schellens**) an und geht dabei soweit, dass er Hiate, welche sich nach den von Ben-

---

*) De hiatu in orat. Attic. et histor. Graec. Freiburg. 1841.
**) De hiatu in Plutarchi Moralibus. Dissertation. Bonn, 1864.

seler, Sintenis*) und ihm selbst statuierten Ausnahmege-
setzen nicht rechtfertigen lassen, einfach durch Emendation
beseitigt. Ähnlich verfährt schon Benseler, wenn auch nicht
so radikal wie Schellens. Indessen ich halte ein solches
Verfahren nicht für richtig und messe der Hiatfrage in der
Kritik nur eine sekundäre Bedeutung bei. Dass Plutarch
bei der Vermeidung des Hiatus sich im allgemeinen an bestimmte Gesetze gebunden hat, ist zweifellos. Aber dass er
dieselben ängstlich befolgt hat, dagegen spricht schon seine
ganze schriftstellerische Individualität. Ein Isokrates freilich,
der nach Plut. de gloria Athen. c. 8 an einer einzigen
Rede, dem Panegyrikus, fast drei Olympiaden feilte und
seine gelehrte Thätigkeit nie durch Anteilnahme an einem
Feldzuge oder an der Politik seiner Vaterstadt unterbrach,
mochte auf derartige Tifteleien mehr Gewicht legen. Aber
ein Autor, der so rasch und so viel schrieb wie Plutarch,
konnte auf solche Äusserlichkeiten nicht so viel Zeit verwenden.
Dass Plutarch überhaupt auf den Inhalt mehr Gewicht legte
als auf die äussere Form, ersehen wir aus der Stelle de
audiendo c. 9, 42 D - E, wo er sich genau in diesem Sinne
ausspricht und unter anderem auch den Atticismus als Mode-
thorheit verwirft. Übrigens berührt er auch an drei Stellen
die Hiatfrage, jedoch so, dass wir keinen sicheren Schluss
daraus ziehen können, wie er sich dieser gegenüber verhält.
An der einen Stelle nämlich, de glor. Athen. c. 8, scherzt
er eigentlich nur über die übertriebene Manier des Isokrates,
den Hiat zu vermeiden. An der zweiten, de vitioso pudore
c. 16, erwähnt er allgemein die diesbezügliche Sitte einzelner
Redner, und an der dritten Stelle, de Stoic. repugnant. c.
28, sagt er von Chrysipp, dass es ein Widerspruch sei, wenn
derselbe von der Redekunst Ordnung und Planmässigkeit
($\varkappa \acute{o} \sigma \mu o \varsigma$ und $\tau \acute{a} \xi \iota \varsigma$) verlange, aber die Vermeidung des Hiatus per-
horresziere. Aus den zwei zuerst genannten Stellen, nament-

---

*) De hiatu in Plut. vit parallel., epistola ad Herm. Sauppium.
Zerbst, 1845.

lich aus der ersten, gewinnt man allerdings den Eindruck,
dass Plutarch auf den Hiat nicht viel Gewicht gelegt habe, aus
der letzten jedoch nicht, sondern eher das Gegenteil. Mit Unrecht sagt daher Muhl l. c. p. 9: „Er stimmt also hierin mit
dem Stoiker Chrysippus überein, dessen noch radikalere Ansicht er de Stoic. rep. mitteilt."

Indessen die beste Quelle, um festzustellen, ob Plutarch
den Hiat vermieden hat oder nicht, sind seine Schriften selbst.
Und da ergibt sich für mich wenigstens die Beobachtung,
dass er bestrebt war, den Hiat zu vermeiden, dass er sich
jedoch nicht allzu ängstlich an gewisse Gesetze gebunden
hat. Denn in den anerkannt echten plutarchischen Schriften
finden sich trotz der zahlreichen von Benseler, Sintenis und
Schellens aufgestellten Ausnahmegesetze immer noch ziemlich
viele Hiate, welche durch Emendation zu beseitigen ich
wenigstens für unstatthaft halte. So finden sich, um ein
drastisches Beispiel herauszugreifen, in qu. conv. l. III, qu. V,
c. 2, also in einem einzigen Kapitel, nicht weniger als 5
auffällige Hiate, nämlich φέρει ἡμᾶς, φύσει ἐστί, καρδίᾳ οἶνον,
ὁμιλίαι αὐτῶν, ἄνθρωποι ὑπό. Benseler allerdings sucht l. c.
p. 484 an allen diesen Stellen, mit Ausnahme der letzten,
die er übersehen hat, den Hiatus durch Emendation zu beseitigen. Jedoch mit welchem Rechte? Das ist nun freilich
ein recht drastisches Beispiel. Denn sonst sind die Hiate
nicht gerade häufig, und manchmal findet sich in mehreren
Quästionen nacheinander nicht ein einziger. Aber aus alledem wird sich als Resultat ergeben, dass Plutarch den Hiat
vermieden hat, aber nicht allzu ängstlich.

Diese allgemeinen Bemerkungen glaubte ich vorausschicken zu müssen, um eine feste Grundlage zu gewinnen, von
welcher aus wir die Hiatfrage im Gastmahle zu beurteilen haben. Benseler rechnet dasselbe nämlich zu denjenigen Schriften,
in welchen sich zwar mehr und schwerere Hiate fänden als in
den anerkannt echten plutarchischen, während jedoch der Hiat
im allgemeinen vermieden sei. Dieselben seien zwar Plutarch

nicht direkt abzusprechen, erregten aber hinsichtlich der
Echtheit Verdacht. Dies Urteil ist unrichtig. Denn es finden sich im Gastmahle der 7 Weisen durchschnittlich nicht
mehr auffällige Hiate als in den echten Schriften. Nur hat
sich Benseler hier nicht ebenfalls die Mühe genommen, dieselben durch Emendation zu beseitigen. Natürlich deshalb, weil
die Echtheit der Schrift auch anderweitig angefochten wurde.

Nach Benseler finden sich in derselben 29 auffällige
Hiate (Vgl. Benseler l. c. p. 434!). Ich gehe nun nicht so
weit, wie Herrmann, der sich l. c. p. 41 der Ausgabe von
Hercher anschliesst, in welcher eine Reihe dieser Hiate durch
Emendation beseitigt sind. Trotzdem lässt sich die Zahl
derselben bedeutend reduzieren. Drei Stellen können hier
schon deswegen nicht in Betracht kommen, weil sie höchst
wahrscheinlich korrupt sind, nämlich ὃ ὅ (147 F), θύεται
ἔτι (159 E) und θαλάττῃ ἕπεσθαι (163 D). Alle drei wurden
wiederholt angefochten. Mit Unrecht sind von Benseler
als auffällig bezeichnet worden ὁ οὖν (151 F) und τί οὗ
(155 F). Denn in solchen Fällen erlaubt sich Plutarch stets
den Hiat (Vgl. hiezu Schellens p. 15!). Folgende Hiate
lassen sich durch Annahme einer Pause erklären, wie dies
ja bereits Benseler durch ein Komma angedeutet hat, nämlich ὁρῶντι, ἔννοεῖν (150 C), πεισθείη, ἢ (152 C), συμβαλέ-
σθαι, ἀρξαμένους (154 D). Dazu möchte ich mit Herrmann
auch noch rechnen περὶ οἶκον, ᾗ χρηστέον (154 F), obwohl
sich, wie wir sehen werden, der hier entstehende Hiat vielleicht noch auf andere Weise erklären lässt. Unter den
noch übrigen 20 befinden sich 12, bei denen das zweite
Wort mit einem spir. asper beginnt, und unter diesen 12
befindet sich obendrein viermal ἔφη ὁ, was im Grunde genommen nur als ein einziger Fall zu betrachten ist. Weder
Benseler noch Schellens erwähnt nun allerdings ein Wort davon, dass Plutarch vor dem spir. asper sich den Hiat gestattet habe, ja beide scheinen im Gegenteil der entgegen-
gesetzten Ansicht zu sein. Aber ich möchte mich hierin

auf den Standpunkt L a h m e y e r s*) stellen, der sich folgendermassen ausspricht: „Ceterum ex viginti quinque illis   in
solo hoc libello exemplis satis opinor apparet (id quod fugisse
adhuc viros doctos miror), adspirationem quoque idoneam
esse ad leviorem hiatum excusandum rationem, etsi licet
fortasse vel sic antecedentem vocalem elidi."

Diese Beobachtung Lahmeyers wird bestätigt, wenn
wir die Zahl der Hiate bei nachfolgendem spir. asper mit
den übrigen vergleichen. Denn unter den etwa 40 auffäl-
ligen Hiaten in den 5 ersten Büchern der Tischgespräche,
die ich mir notierte, befinden sich 11, bei denen die 2.
Silbe mit einem spir. asper beginnt. Nämlich:

qu. conv. l. I. qu. I, 5: *καθύβρισται ὁ*

„ „   „   „ II, c. 2: *προπίεται ἑτέρῳ*

„ „   „   „ „ c. 3: *Θρασυμάχου ὑπερβάλλοντας*

„ „ l. II, qu. V, c. 1: *λανθάνει ἡμᾶς*

„ „   „ III, „ V, c. 2: *φέρει ἡμᾶς* und *ἄνθρωποι ὑπὸ*

„ „   „   „ „ VI, c. 4: *εὖ ἑπομένοις*

„ „ l. IV, qu. I, c. 1: *ὑποτρέφει ὁ*

„ „ l. V, qu. III, c. 2 : *Κορίνθιοι ὁπηνίκα*

„ „   „ „ qu. V, c. 2: *χοροῦ ἵσταται*

„ „   „ „ qu. IX, 7: *ἐπεὶ ὅτι.*

Daraus möchte man doch mit Recht das Gesetz ableiten,
dass Plutarch vor dem spir. asper den Hiat wenigstens
zugelassen habe.   Kommen nun, von diesem Gesichtspunkte
aus betrachtet, abermals 12 Hiate in unserer Schrift in Weg-
fall, so bleiben nur noch 8 auffällige Hiate übrig.   Wenn
wir diese Zahl aber vergleichen mit den in oben erwähntem c. 2,
l. III, qu. V vorkommenden, die sich von 5 auf 3 vermindern,
da bei zweien der Hiat sich durch den spir. asp. entschuldigen lässt, so haben wir das Verhältniss: In 21 Kapp. des

---

*) De libelli Plutarchei, qui inscrib. de Herodoti malignitate, et
auctoritate et auctore. Göttingen, 1848. p. 90.

Gastmahls 8 auffällige Hiate, in 1 Kap. der Tischgespräche
3. Und selbst wenn wir von der Annahme, dass Plutarch
vor dem spir. asp. den Hiat zugelassen habe, ganz absehen,
so stellt sich gleichwohl das Verhältnis für das Gastmahl noch
sehr günstig. Dasselbe ist dann folgendes: In 21 Kapp. des
Gastmahls 20, in 1 Kap. der qu. conv. 5 auffällige Hiate. Rechnen wir dazu, dass die qu. conv. weit besser überliefert sind
und zudem mit viel mehr Sorgfalt von Plutarch selbst verfasst
zu sein scheinen als das Gastmahl der 7 Weisen, dann wird wohl
der Schluss berechtigt sein, dass unsere Schrift hinsichtlich
des Hiatus mit vollem Rechte in die Reihe der echten Schriften
Plutarchs einzureihen ist.

Die Beweisführung Herrmanns in dieser Frage ist im
ganzen zu billigen. Nur einige Einzelheiten sind unrichtig.
So halte ich es, wie oben bemerkt, für falsch, dass er nach
der Hercherschen Ausgabe eine Reihe von Hiaten durch Emendation beseitigt. Ausserdem sucht er l. c. p. 43 mit Un-
recht die Hiate $\H{\epsilon}\gamma\eta$ ο, $\pi\acute{\iota}\nu\epsilon\iota$ ο u. s. w. zu erklären nach dem
von Sintenis aufgestellten Satze: „nec articuli offendunt hi-
atus facientes …“ Denn der Hiat ist beim Artikel nur dann
gestattet, wenn derselbe durch das folgende, nicht wenn er
durch das vorausgehende Wort bewirkt wird. Auch halte
ich es mit v. Wilamowitz l. c. p. 212, Anm. für unrichtig,
dass er conv. s. s. 149 A für $\alpha\grave{\upsilon}\tau\grave{\alpha}$ $\H{\epsilon}\nu\tau\iota\mu o\varsigma$ $\alpha\H{\upsilon}\tau$ $\H{\epsilon}\nu\tau\iota\mu o\varsigma$ lesen
will. Denn bei wörtlichen Citaten pflegte Plutarch durch-
weg den Hiat zuzulassen (vgl. Schellens, l. c. p. 23!).

Wenn sich nun ergeben hat, dass in unserer Schrift
der Hiatus ebenso vermieden ist wie in den echten plutarchischen Schriften, so beweist dies trotzdem direkt noch
nichts für Plutarchs Autorschaft. Denn auch andere Schriftsteller aus der Zeit der 2. Sophistik — in diese müsste die
Schrift, auch wenn sie unecht wäre, verlegt werden — haben
den Hiat vermieden. Ebenso verhält es sich noch mit mehreren
anderen sprachlichen Indizien. Wir müssen hier genau unter-
scheiden zwischen solchen, welche zwar mit den sonstigen Ei-

gentümlichkeiten der plutarchischen Sprache übereinstimmen, ohne jedoch für Plutarch allein Giltigkeit zu haben, und solchen, welche ausschliesslich nur die plutarchische Diktion charakterisieren. Mögen auch die ersteren gewiss nicht zu unterschätzen sein, so lassen sie doch nur einen Wahrscheinlichkeitsbeweis zu. Positive Behauptungen hingegen lassen sich nur auf letztere bauen.

So möchte ich wenig Bedeutung dem Umstande beimessen, dass in unserer Schrift ebenso wie sonst bei Plutarch häufig statt des einfachen Verbums das Kompositum gebraucht ist. Denn das ist eine sprachliche Erscheinung, welche wir bereits bei Polybius beobachten. Dieselbe zeigt sich auch in der Geschichte der Entwickelung der lateinischen Sprache, und erklärt sich auf eine höchst einfache Weise. Da sich nämlich der Begriff des verbum simplex nach und nach verflachte, so bildete man ein Kompositum, um denselben mehr zu präzisieren. Aus demselben Grunde erklärt sich ja bekanntlich auch die Bildung der Dekomposita. Ich möchte es deshalb für bedenklich halten, daraus eine spezielle Eigentümlichkeit der plutarchischen Sprache zu statuieren. Ebenso ist nicht recht einzusehen, warum Plutarch gerade Komposita mit ἐκ. πρός. διά. ἐν bevorzugt haben soll. Vor Herrmann legt zwar bereits Dinse*) auf diesen Punkt viel Gewicht, und Herrmann fügt als eine weitere Eigentümlichkeit noch den Gebrauch der Komposita mit σύν hinzu. Allein auch diese Behauptung vermag mich ebensowenig zu überzeugen als die vorige.

Als ein Hauptcharakteristikum der plutarchischen Sprache gilt allgemein der Gebrauch langer, schwer verständlicher Perioden. Diese Eigentümlichkeit hat unsere Schrift sicher mit Plutarch gemein. Man vgl. nur Stellen, wie c. 2, 147 A: οἳ διὰ ταῦτα . . . τὴν βακτηρίαν ἔχουσαν,

---

*) De libello Plutarchi γυναικῶν ἀρεταί inscripto, Berlin, 1863. p. 13.

und die unmittelbar daran sich anschliessende: ἀλλ' ὅπερ . . .
ἀκούουσιν. Oder in demselben Kap. 148 A und B: ὁ δ' Αἰ-
γύπτιος σκελετός . . . μακρὸν ποιεῖν. Ferner c. 4, 150 C
und D: τοιαῦτα μὲν . . . . δαπάνης, und andere. Allein
nach v. Wilamowitz comment. gramm. III im Vorlesungs-
katal. d. Univ. Göttingen v. S. S. d. J. 1889 dürfen wir
hierin nicht so sehr eine Eigentümlichkeit Plutarchs allein
als seiner Zeit überhaupt suchen. Er sagt nämlich l. c. p.
19: „queri solent multi molestas sibi esse Plutarchi perio-
dos." Und einige Zeilen weiter unten: „tamen non tam
Plutarchi quam saeculi Plutarchei haec virtus est."

Mehr Gewicht möchte ich legen auf den seltenen Gebrauch von τε καί, welchen das Konvivium mit den sonstigen
echten Schriften Plutarchs gemein hat. Fuhr hat nämlich
in seiner Abhandlung, Exkurse zu den att. Rednern, Rhein.
Mus. N. F. 33. B. p. 584 - 591 den Nachweis geliefert, dass
τε καί, nämlich unmittelbar neben einander, sich ebenso wie
bei den attischen Rednern auch bei Plutarch äusserst selten,
und sogar in vielen Schriften überhaupt nicht finde. Er
zieht daraus Schlüsse für die Kritik, indem er diejenigen
Schriften für unecht erklärt, in welchen τε καί häufig
vorkommt, während er auf der anderen Seite sonst an-
gegriffene Schriften hinsichtlich des seltenen Gebrauches
von τε καί als echt verteidigt. Zu der Klasse der letzteren
rechnet nun Fuhr l. c. p. 591 das conv. s. s.. Denn es finde
sich darin nur viermal τε καί, obwohl häufig dazu Gelegenheit vorhanden war. Allerdings bemerkt Fuhr selbst l. c. p.
591, dass er das positive Resultat nicht zu sehr betone, da er
nicht wisse, ob nicht auch andere Schriftsteller ausser Plutarch demselben Brauche gefolgt seien. Allein ich glaube
immerhin, dass die Bedeutung dieses sprachlichen Moments
für die Echtheit unserer Schrift nicht zu unterschätzen ist,
um so mehr als eine Reihe anerkannt unechter Schriften
auch hinsichtlich des Gebrauches von τε καί sich als un-
plutarchisch erweisen.

Ganz ähnlich verhält es sich mit dem Gebrauche der Ne
gationen in unserer Schrift. Auffallend ist das Vorkommen
von μή beim Partizip, in Relativsätzen ohne kondizionalen
Sinn, in Sätzen mit ὅτι u. s. w., der Gebrauch von οὐ in
Kondizionalsätzen. Das ist nun allerdings im allgemeinen
genommen eine Eigentümlichkeit nicht nur Plutarchs, sondern
der späteren Schriftsteller überhaupt. Denn Wilh. Schmid,
der Attizismus in seinen Hauptvertretern, bemerkt im 1. B.
p. 50 für die Zeit der 2. Sophistik über diesen Punkt so
ziemlich dasselbe. Allein es mögen sich immerhin in diesem
Gebrauche der Negationen bei den einzelnen Schriftstellern
gewisse Variationen ergeben. Bezüglich des conv. s. s. nun
hat Stegmann in seinem Programme, der Gebrauch der
Negationen bei Plutarch. Geestemünde, 1882, p. 33 den
Nachweis geliefert, dass dasselbe in allen Einzelheiten vollständig mit den echten Schriften Plutarchs übereinstimme.
Interessant ist auch hier wieder, ähnlich wie bei τε καί, die Beobachtung, dass die erwiesen unechten Schriften auch im Gebrauche der Negationen von den echten abweichen. Stegmann
sagt hierüber l. c. p. 31 u.: „Zu bemerken ist, dass in all diesen Schriften ein ὅτι μή, ἐπεί μή, μή in Relativsätzen in unat-
tischer Weise, εἰ οὐ, ἐάν οὐ, ὅπως οὐ, οὔτε—καί sich nicht findet.

Ausser den oben erwähnten langen Perioden gelten
allgemein als charakteristisch für die Diktion Plutarchs viele
Citate, Bilder und Vergleiche. Bezüglich der Citate habe ich
mich bereits an einer früheren Stelle gelegentlich der Widerlegung eines Einwandes von Meiners ausgesprochen. Die
in unserer Schrift zahlreich sich findenden Bilder und Vergleiche hat Herrmann l. c. p. 61 ff. zusammengestellt.

Der plutarchischen Sprache eigentümlich ist ferner die
Wortfülle, namentlich der Gebrauch zweier synonymer Begriffe zur Bezeichnung eines und desselben Gegenstandes.
Auch hiefür hat Herrmann l. c. p. 64 ff. Stellen in genü-
gender Anzahl angeführt. Dabei muss ich jedoch bemerken,
dass die von ihm citierten Beispiele nicht alle zu dem im

Kontexte Bemerkten passen. Denn er spricht eigentlich
nur von dem Hendiadyoin, also der Verwendung zweier synonymer Ausdrücke für einen Begriff. Dazu passen aber
nicht Stellen, wie κονιορτὸς καὶ θόρυβος (146D), πυρῶν καὶ
κριθῶν (147D), λέγειν καὶ ξητεῖν (147E) u. s. w.

Schliesslich noch einige lexikalische Bemerkungen.
Bei einer Reihe von Wörtern und Ausdrücken unserer Schrift,
die in der sonstigen Literatur seltener vorkommen, ist in den
Lexicis sehr häufig Plato und Plutarch citiert. Dass letzterer,
ein leidenschaftlicher Verehrer Platos, infolge der häufigen Lektüre und des eingehenden Studiums seiner Schriften, sich
auch vieles von seiner Diktion angeeignet hat, ist natürlich.
Indessen das könnte auch auf einen Neuplatoniker passen
oder auf einen andern Schriftsteller der 2. Sophistik, da
man in jener Zeit hauptsächlich die platonische Philosophie
kultivierte. Es darf also darauf nicht zu viel Gewicht gelegt
werden. Um so mehr Bedeutung aber müssen wir dem
Umstande beimessen, dass bei sehr vielen Wörtern immer
und immer wieder Plutarch citiert ist, und zwar bei manchen sogar mehrfach. Ja für das Verbum ἐξαναφέρειν (c. 2,
147 C) findet sich bei Henric. Steph. thes. ling. Gr. ausser
einer Reihe von Stellen aus Plutarch nur noch der viel spätere Palladius citiert, und das Substantivum συγκλίτης ist
ausser durch das conv. s. s. c. 3, 149 B nur noch durch die
Stelle de garrul. c. 2, 503 A belegt. Wenigstens wird die
Lesart συγκλιτῶν des cod. D. — andere haben συγκλήτων —
allgemein als die richtige angenommen.

Hier dürfte vielleicht auch noch eine Bemerkung Platz
finden über die von Herrmann l. c. p. 59 aufgezählten ἄπαξ
λεγόμενα unserer Schrift. Was dieselben für die Echtheit
beweisen sollen, sehe ich nicht ein. Übrigens sind sie nicht
einmal alle richtig. Denn αἰγίλωπες (147D) und ἀμετακίνητος
(152A) beruhen auf verkehrter Emendation, wie ich in meinen textkritischen Bemerkungen zeigen werde, μισοβασιλεύς
(147B) ist übersehen.

Mag man nun den einen der genannten sprachlichen
Indizien mehr, den andern weniger Bedeutung beimessen,
so wird man doch nicht leugnen können, dass sie alle zu-
sammengenommen es mindestens sehr wahrscheinlich machen,
dass der Verfasser unserer Schrift Plutarch ist. Indessen
wenn gleichwohl sich noch jemand skeptisch verhalten sollte,
so dürften doch folgende Einzelheiten unwiderlegbar sein.
Abgesehen nämlich von den vielen Anklängen an die plutarchische Diktion, die ich unerwähnt lasse, weil sie mir
nicht charakeristisch genug erscheinen, finden sich manche
Wendungen und Ausdrücke, ja ganze Teile von Sätzen unserer Schrift in echten plutarchischen. Dies wird sich namentlich zeigen, wenn wir den Inhalt derselben ins Auge
fassen. Vorläufig mögen bloss diejenigen Stellen Erwähnung finden, welche sich rein auf die Form beziehen.

Interessant sind hier namentlich einzelne **Kapitelan-
fänge**. Sie decken sich zum Teil wörtlich mit solchen in
den echten Schriften. So z. B. conv. s. s. c. 6: γενομένης
δὲ σιωπῆς mit qu. conv. l. VI, qu. 8, c. 3: γενομένης δὲ σιωπῆς; l. VII, qu. 1, c. 3: γενομένης οὖν ἐπὶ τῷ λόγῳ σιωπῆς; qu. 5, c. 4: γενομένης οὖν σιωπῆς; l. VIII, qu. 2, c. 1: ἐκ
δὲ τούτου γενομένης σιωπῆς; qu. 3, c. 2: ἡσυχίας δὲ γενομένης.

conv. c. 6 i. d. Mitte bei Beginn eines neuen Abschnittes: Τούτων ἀναγνωσθέντων οὐ πολὺν χρόνον ἐπισχὼν ὁ
Βίας, ἀλλὰ μικρὰ μὲν αὐτὸς πρὸς αὐτῷ γενόμενος. —
De sera numin. vind., c. 4: ῥηθέντων οὖν τούτων κἀμοῦ πρὸς
αὐτὸν ὄντος.

conv. c. 7: εἰπόντος οὖν τοῦ Χίλωνος, und c. 17: ἔτι
δὲ τοῦ Σόλωνος λέγοντος. — qu. conv. l. I, qu. 1, c. 3: σοῦ
δ᾽ εἰπόντος; qu. 2, c. 5: ἐμοῦ δὲ τοιαῦτα λέγοντος; l. II, qu.
3, c. 3: ταῦτα τοῦ Φίρμου διεξιόντος, l. V, qu. 8, c. 3: εἰπόντος οὖν ἐμοῦ ταῦτα, und viele andere.

conv. c. 10: ἀποδεξαμένων δὲ πάντων τὸν Θαλῆν. — qu.
conv. l. IV, qu. 3, c. 3: ἀποδεξαμένων δὲ ἡμῶν; l. III, qu. 2,
c. 1: ἐπαινεσάντων δὲ ἡμῶν τὸν Τρύφωνα. Beide Ausdrücke

finden sich im conv. s. s. c. 6, 151 D: τῶν δ' ἄλλων ἐπαινεσάντων καὶ ἀποδεξαμένων.

conv. c. 12: τέλος δὲ καὶ τούτου τοῦ λόγου λαβόντος
und c. 13: ἐπεὶ δὲ καὶ οὗτος ἔσχεν ὁ λόγος τέλος. — qu.
conv. l. I, qu. 2, c. 2: ἐπεὶ δὲ τὰ περὶ τὸ δεῖπνον τέλος εἶχεν,
und die in grosser Zahl sich findenden Ausdrücke, wie
λεχθέντων oder ῥηθέντων δὲ τούτων, ἐπεὶ oder ὡς δὲ ταῦτ'
ἐρρήθη u. s. w.

Ferner gewisse Kapitelschlüsse:

conv. c. 16: Τὰ μὲν οὖν ῥηθέντα περὶ τροφῆς, ὦ Νίκαρχε, ταῦτ' ἦν. — qu. conv. l. I, qu. 2, c. 2: ἡ μὲν οὖν
τοῦ πατρὸς δικαιολογία τοιαύτη τις ἦν; qu. 6, c. 1: ταῦτα μὲν
οὖν περὶ τῆς Ἀλεξάνδρου πολυποσίας; l. II, qu. 1, c, 3: ταῦτα
μὲν οὖν τὰ περὶ τὰς ἐρωτήσεις; l. VI, qu. 8, c. 1: ταῦτα μὲν
οὖν ἔφανον κοινὸν ... Zu vergleichen ist hier namentlich
der Schluss des Konviviums: Τοῦτο ἔσχεν, ὦ Νίκαρχε, πέρας
ἡ τότε συνουσία mit dem Abschlusse der qu. conv: Ταῦτα
σχεδόν, ὦ Σόσσιε Σενεκίων, τελευταῖα τῶν ἐν τοῖς μουσείοις τότε
παρὰ Ἀμμωνίῳ τῷ ἀγαθῷ φιλολογηθέντων.

Man vergleiche ausserdem folgende Verbindungen:

conv. c. 1, 146 B: ἐπὶ προσφάτοις οὕτω καὶ νεαροῖς. —
qu. conv. l. VI, qu. 10, 1: νεαρὸν ὄντα καὶ πρόσφατον.

conv. c, 4, 150 C: ὑποδοχὴ καὶ κλῆσις. — qu. conv. l.
IV, qu. 3, c. 2, 3: τὴν ὑποδοχὴν καὶ τὴν κλῆσιν.

conv. c. 7, 151 F: τὴν μεγίστην καὶ τελειοτάτην ἀρ-
χήν. — qu. conv. l. IV, qu. 6, c. 2, 1: τῆς μεγίστης καὶ τε-
λειοτάτης ἑορτῆς, und an seni sit ger. res publ. c. 11, 1: ἀλλὰ
μὴν ἥ γε βασιλεία τελεωτάτη πασῶν οὖσα καὶ μεγίστη τῶν πο-
λιτειῶν. An derselben Stelle die Worte πόνους καὶ ἀσχολίας
mit conv. c. 16, 160 C: πολλοῖς πόνοις καὶ ἀσχολίαις.

Ja es finden sich selbst ganze Satzteile, welche mit
solchen im Konvivium fast wörtlich übereinstimmen. Zu be-
achten ist zugleich bei einzelnen Sätzen die auffallende Übereinstimmung im Satzbau. So z. B.

conv. 1, 146 C: ἀλλ᾽ ἐπεὶ σχολή τε περστι πολλή ... — De soll. anim. c. 23, 2: σχολὴ μὲν γὰρ πολλή ἐστι.

conv. c. 4, 149 F: ἐπεὶ δ᾽ εἰσήλθομεν. ἤδη μεῖζον ὁ Θαλῆς φθεγξάμενος· ποῦ δέ, εἶπεν. . . . — qu. conv. l. V, qu. 5, c. 2: ἐμοῦ δὲ ταῦτ᾽ εἰπόντος, εἰς μέσον ἤδη φθεγξάμενος ὁ πάππος ἡμῶν Λαμπρίας · ἆρα οὖν, εἶπεν, οὐ . . . .

conv. c. 10, 154 B: ἃ ταύτην μὲν ἴσως οὐκ ἀτρεπές ἐστι παίζουσαν καὶ διαπλέκουσαν ὥσπερ ἕτερα ζῶντα καὶ κεκρυφάλους προβάλλειν ταῖς γυναιξίν, ἄνδρας δὲ νοῦν ἔχοντας ἔν τινι σπουδῇ τίθεσθαι γελοῖον. — qu. conv. l. III, qu. 1, c. 1, 2: καὶ παιζούσαις μᾶλλον ἐπιτηδείοις παρθένοις καὶ γυναιξὶν ἢ συνουσίαις φιλοσόφων καὶ μουσικῶν ἀνδρῶν.

conv. c. 12, 155 C.: ἐγὼ μὲν οὖν ταῦτα καὶ πρὸς Αἴσωπον ἀποκρίνομαι καὶ Διοκλεῖ συμβάλλομαι. — qu. conv. l. III, qu. 1. c. 2, 10: ἐγὼ μὲν οὖν ταῦτα συμβάλλομαι ταῖς στεφανοπώλισιν; qu. conv. l. IV, qu. 4, c. 2. 13: Ταῦτ᾽ εἶπεν ὁ Πολυκράτης, ἐγὼ δὲ συμβάλλομαι καὶ τῇ Δία τοῖς ἰχθυοπώλαις ἀπὸ τῶν μαρτύρων καὶ τῆς συνηθείας. Hieher gehört zugleich

conv. c. 15, 159 A: ἡμεῖς μὲν οὖν, ἔφην ἐγώ, ταύτας τῇ γαστρὶ συμβολὰς εἰσφέρομεν. — qu. conv. l. V, qu. 7, c. 3 a. E.: αὗταί σοι, εἶπον, ὦ Φλῶρε, συμβολαὶ τῆς εὐωχίας ἀπηριθμήσθωσαν.

conv. c. 13, 156 D: ἀλλ᾽ αἱ Μοῦσαι καθάπερ κρατῆρα νηφάλιον ἐν μέσῳ προθέμεναι τὸν λόγον. — de def. orac., c. 21, 421 A: ἐπεὶ δὲ μύθων καὶ λόγων ἀναμεμιγμένων κρατὴρ ἐν μέσῳ πρόκειται.

conv. c. 19, 162 C: Ὁ δὲ Σόλων ὑπολαβών· „ἀλλὰ ταῦτα . . . τὸ τοῦ Ἡσιόδου πάθος · ἀκήκοας γὰρ ἴσως τὸν λόγον.“ „οὐκ ἔγωγε.“ εἶπον. „ἀλλὰ μὴν ἄξιον πυθέσθαι. Μιλησίου γάρ, ὡς ἔοικεν, ἀνδρός, ᾧ . . . .“ — de Pyth. orac. c. 5, 396 D - E: ὑπολαβὼν οὖν Βόηθος ὁ γεωμέτρης (οἶσθα . . . τὸν Ἐπίκουρον), „ἆρ᾽ οὖν,“ ἔφη, „τὸ

τοῦ ζωγράφου Παύσωνος ἀχήχοας"; „οὐκ ἔγωγε," εἶπεν ὁ
Σαραπίων. „ἀλλὰ μὲν ἄξιον. ἐκλαβὼν γάρ, ὡς ἔοικεν,
. . . ".

conv. c. 21, 163 E: τὰ δὲ τῷ θεῷ παρέχει χρωμέ-
νῳ κατευθύνειν καὶ τρέπειν αὐτήν . . . — De soll. anim. c.
22, 2: . . . ὥσπερ ὀργάνῳ τῷ θεῷ παρέχει χρῆσθαι καὶ
τρέπειν ἐπί τε κίνησιν . . . .

Während so eine Reihe der triftigsten sprachlichen
Gründe für die Autorschaft Plutarchs sprechen, habe ich
auf der anderen Seite nichts entdecken können, was nicht
mit der Diktion desselben übereinstimmte. Ich kann mir
daher auch nicht denken, was Wyttenbach veranlasste, bezüglich der sprachlichen Seite unserer Schrift das Zuge-
ständnis zu machen, dass sie in manchen Stücken von den
übrigen plutarchischen abweiche. Er sagt nämlich l. c. p.
201: „Stilo et oratione paulum differt ab aliis Plutarchi scrip-
tis, sed ita, ut Plutarchus tamen agnoscatur." Allein auch
wenn dem so wäre, so dürfte uns das nicht auffallen. Denn
fürs erste ändert wohl jeder Schriftsteller im Laufe der
Zeit in Einzelheiten seine Diktion, und so lange die Reihenfolge in der Abfassung der plutarchischen Moralia nicht fest-
gestellt ist, wissen wir auch nicht, mit welchen andern
Schriften wir das Gastmahl zunächst in stilistischer Hinsicht
zu vergleichen haben. Dazu kommt ausserdem der Umstand,
dass sich die Diktion eines Schriftstellers zugleich mit seinem
Stoffe ändert. So wird sich die erzählende Darstellung in
der Regel in kürzeren, leichter verständlichen Perioden bewegen als philosophische Erörterungen. Diese Beobachtung
machen wir in der That auch bei Plutarch. Nicht überall
haben wir es in seinen Schriften mit den ihm meistens zum
Vorwurfe gemachten langen Perioden zu thun. Vielmehr
liest man oft grössere Abschnitte, sowohl in den Moralia als
namentlich auch in den Vitæ, in denen sich die Darstellung
in ganz einfachen, kurzen Sätzen bewegt.

b. Plutarch als Kommentator, Historiker und Philosoph.

Noch wichtigere Beweise für die Echtheit unserer
Schrift ergeben sich, wenn wir den Inhalt derselben ins
Auge fassen. Es findet sich im Gastmahle nichts, was den
echten Schriften Plutarchs widerspräche. Vielmehr sind alle
Gedanken echt plutarchisch, und eine Reihe derselben lässt
sich durch treffende Parallelstellen belegen.

Die schriftstellerische Thätigkeit Plutarchs bewegt sich
hauptsächlich auf drei Gebieten, nämlich dem der Grammatik, Geschichtschreibung und Philosophie. Alle drei Gattun-
gen sind in unserer Schrift mehr oder weniger vertreten.
Dieselbe hat zwar im wesentlichen historischen und philosophischen Charakter; aber auch für die erstgenannte Art
bieten sich Anhaltspunkte.

Wie Plutarch mit Grammatikern, wie z. B. Theon, viel
verkehrte, so zeigte er auch Vorliebe für grammatische
Dinge. In den qu. conv. sind mehrfach grammatische Fragen
behandelt, namentlich gewisse Stellen aus Klassikern inter-
pretiert. Ich erinnere nur an l. 1 qu. 5: *Πῶς εἴρηται, „μου-
σικὴν δ᾽ ἄρα ἔρως διδάσκει"*: oder l. V, qu. 4: *Περὶ τοῦ „ζω-
ρότερον δὲ κέραιρε."* Seiner grammatischen Thätigkeit ent-
sprangen auch mehrere kommentatorische Schriften, die
Ὁμηρικαὶ μελέται, die Scholien zu Hesiod, Arat und Nikan-
ders *Θηριακά*. Auch in unserer Schrift gibt Plutarch eine
Probe seiner kommentatorischen Thätigkeit in der ausführ-
lichen Erörterung der Hesiodstelle *ὅσον ἐν μαλάχῃ τε* . . in
c. 14. Ferner dürfen die vielen Citate aus Homer und
Hesiod als Reminiscenzen seiner kommentatorischen Thätigkeit betrachtet werden, natürlich vorausgesetzt, dass die
Kommentare zu den beiden Dichtern vor dem Gastmahle
verfasst sind. Indessen auch wenn wir dies nicht annehmen,
so sind sie zum mindesten ein Beweis dafür, dass sich der
Verfasser des Gastmahls eingehend mit Homer und Hesiod
beschäftigt hat, und das passt ebenso gut auf Plutarch.

Ausserdem finden sich im *συμπόσιον* einige Notizen,

welche auch in den bei Proklos erhaltenen Fragmenten der
Hesiodscholien Plutarchs vorkommen. Zunächst die im conv.
c. 2., 146 F erwähnte Erzählung, dass Amasis an Bias ein
Opfertier geschickt habe mit der Bitte, denjenigen Körper-
teil zurückzuschicken, welcher der beste und schlechteste
zugleich sei u. s. w. Dieselbe findet sich auch in den genannten Fragmenten c. 41, 2. Ferner der im conv. c. 10
erzählte musische Wettkampf Homers und Hesiods ebenfalls
in den erwähnten Fragmenten c. 36. Ebenso die Erzählung
im conv. c. 19, 162 E - F, dass die Orchomenier zufolge eines
Orakelspruches den Leichnam Hesiods aufsuchten, um ihn bei
sich zu begraben, in den Fragm. c. 35 a. E. Beide Stellen
stimmen auch formell auffallend überein. Die im Hesiod-
kommentare lautet: ὅϑεν καὶ τὸν ϑεὸν Ὀρχομενίοις προςτά-
ξαι τὰ Ἡσιόδου λείψανα λαβεῖν καὶ ϑάψαι παρ᾽ αὐτοῖς,
die im conv.: ἀλλ᾽ ἀποκέκρυπται ζητούμενος ὑπ᾽ Ὀρχομενίων,
ὥς φασι, βουλομένων κατὰ χρησμὸν ἀνελέσϑαι τὰ λείψανα
καὶ ϑάψαι παρ᾽ αὐτοῖς.

Mit grammatisch - philologischen Studien verband Plu-
tarch zugleich grosse Vorliebe für historische und antiquarische
Dinge. Dieselbe zeigt sich auch in unserer Schrift. In Be-
tracht kommen hier hauptsächlich die am Schlusse erzählten
Sagen, und zwar in erster Linie diejenigen, welche sich auf
wunderbare Rettungen durch Delphine beziehen, nämlich die
Arionsage (c. 18), die Sage von der Todesart Hesiods (c. 19),
von Enalos und der Tochter des Smintheus (c. 20). Diese
Sagen sind ebenfalls erzählt de soll. anim. c. 36 i. d. M.
Die im conv. c. 19 noch erwähnte Sage von Melikertes, dem
Sohne der Ino und des Athamas, findet sich de soll. anim.
nicht, ist übrigens auch im conv. nur beiläufig berührt und
als zu mythenhaft nicht näher erörtert. Dass die erstgenann-
ten Sagen auch in einer anerkannt echten Schrift Plutarchs
vorkommen, und zwar hier wie im Gastmahle zum Belege
für die menschenfreundliche Gesinnung der Delphine, ist gewiss von grosser Wichtigkeit. Indessen die beiden letzteren,

nämlich die von Hesiod und Enalos, enthalten auch noch
einige antiquarische Bemerkungen, welche vorzüglich auf
Plutarch passen. Volkmann sagt l. c. I, p. 59: „Auch sonst
ist er (Plutarch) vielfach in Griechenland umhergereist, wie
die zahlreichen Stellen seiner Biographieen zeigen, in denen
er griechische Lokalitäten oder noch zu seiner Zeit bestehende Sitten aus eigener Anschauung beschreibt." Auf einer
solchen Reise nun mag ihm auch die Klippe Troilos gezeigt
worden sein, an welche sich die Sage von dem Gefährten
Hesiods knüpfte (conv. c. 19, 162 D), oder das Grabmal des
Hesiod (conv. c. 19, 162 E) oder der Stein Enalos (conv. c.
20, 163 D). Eine solche antiquarische Bemerkung ist auch
die über die Festfeier der Lokrer, dass sie noch jetzt bei
Rhium stattfinde (conv. c. 19, 162 E). Freilich ist bei dem
an diesen Stellen sich findenden μέχρι νῦν u. ἔτι νῦν eigentlich an die Zeit der 7 Weisen zu denken. Aber in Wirklichkeit hatte Plutarch wohl seine eigene Zeit im Auge. Solche
Beisätze, wie καὶ μέχρι νῦν Τρωΐλος ἡ χοιρὰς καλεῖται oder
ἣν ἄγουσιν ἔτι νῦν gebraucht nun Plutarch häufig bei derartigen Bemerkungen. Man vergleiche nur vita Phoc. c. 22,1:
διαμένει γὰρ ἔτι νῦν ἐν Ἑρμείῳ und vita Agesil c. 35, 2:
ἣν ἔτι καὶ καθ᾽ ἡμᾶς ἔχει Καλλικράτης u. s. w. Vgl. hiezu Volkmann l. c. p. 59 ff!

Antiquarisches Interesse hat auch die im Anschlusse
an die Sage von Kypselos (c. 21) aufgeworfene Frage nach
der Bedeutung der Frösche, welche sich an der von Kypselos gestifteten Palme befanden. Derartige Fragen sind mehrfach bei Plutarch erörtert, und wenn man die Worte liesst:
τῶν βατράχων τὴν αἰτίαν ἐκείνων, τί βούλονται . . . καὶ τίνα
πρὸς τὸν . . . wird man auffallend erinnert an manche Überschriften in den Tischgesprächen. Übrigens ist die Thatsache,
dass Kypselos dem Apollo eine Palme geweiht habe, auch
kurz erwähnt qu. conv. l. VIII, qu. 4, c. 4, 2, und de Pyth.
orac. c. 12 ist obige Frage nach der Bedeutung der Frösche
ausführlich besprochen. Im conv. wird dieselbe bloss aufge-

worfen, aber nicht weiter erörtert, wohl deswegen, weil sie de Pyth. orac. bereits behandelt war. Mit Unrecht spricht also Muhl l. c. p. 28 von einer Übereinstimmung in einer entlegenen Streitfrage. Beiläufig sei auch noch ein anderes Versehen erwähnt, welches Muhl hier passiert. Er lässt nämlich die Frösche an der Palme von Chersias angebracht sein. Allein dieselben waren doch nicht von dem Dichter Chersias angebracht, sondern von dem Künstler, de Pyth. orac. c. 12 δημιοργός genannt, welcher die Palme verfertigte.

Vereinzelte historische Notizen unserer Schrift, die zugleich auch in echten plutarchischen enthalten sind, werde ich später unter denen allgemeiner Natur anführen. Es kam mir zunächst darauf an, diejenigen Stellen herauszugreifen, aus denen wir Plutarchs Interesse für historische und antiquarische Dinge ganz besonders ersehen.

Ungleich wichtiger für die Beurteilung der Autorschaft Plutarchs in vorliegender Schrift ist die Frage nach den in derselben niedergelegten philosophischen Anschauungen, ob sie mit dem sonstigen Systeme des Chäronenser Philosophen übereinstimmen. Plutarch war bekanntlich pythagoraisierender Platoniker und zugleich ein Gegner der Stoiker und Epikureer, doch so, dass er mit der Stoa gewisse Berührungspunkte hatte, während er gegen die Lehre Epikurs sich völlig ablehnend verhielt (vgl. hiezu ausser Zeller, Gesch. d. griech. Philos., namentlich Volkmann l. c. II. T.!). Diese Tendenz seiner Philosophie zeigt sich genau in unserer Schrift.

In Betracht kommen zunächst die 9 Fragen, welche Amasis dem Äthiopierkönige vorgelegt hatte, und zwar die abfällige Kritik, welche Thales an den Antworten des Äthiopierkönigs übt, sowie seine eigenen Ansichten (cfr. conv. c. 8 und 9!). Thales, dem Plutarch offenbar seine eigenen Gedanken in den Mund legt, erscheint hier vollständig als platonischer Philosoph. Die bescheidene Zurückhaltung des Akademikers über Natur und Wesen der Götter zeigt sich c. 9 a. A. in den Worten: ἱ μὲν περὶ ϑεῶν καὶ δαιμόνων ἀπόκρισις θράσος ἔχει καὶ κίνδυνον. Man vergl. hiezu de sera num. vind. c. 4 a. A., namentlich die Worte: τῆς πρὸς τὸ θεῖον εὐλαβείας τῶν ἐν Ἀκαδημία φιλοσόφων (Vgl. Volkmann II, p. 11!) Echt platonisch ist die Auffassung von Gott, das τί πρεσβύτατον: θεός, mit der Begründung ἀγέννητον γάρ ἐστι. (Vgl. Volkmann II, p. 69 u. 70 u. die daselbst citierte Stelle de E Delphico c. 20!). Ebenso das τί ὠφελιμώτατον; ἀρετή und das Gegenteil τί βλαβερώτατον; κακία. Auch entspricht das τί ἰσχυρότατον; ἀνάγκη ganz der platonischen und zugleich aristotelischen Auffassung von der blinden, vernunftlosen Notwendigkeit, entgegen der Lehre der Stoiker (vgl. Zeller, Grundr. 3. Aufl. p. 128!). Das epikureische τί ῥᾷστον; ἡδύ wird als unrichtig verworfen mit der Begründung ἐπεὶ πρὸς ἡδονάς γε . . . und als das Leichteste in akademischem und stoischem Sinne das τὸ κατὰ φύσιν erklärt.

Auch die Rede des Mnesiphilus in c. 13, 156 B - E (incl.) enthält einige platonische Gedanken, die sich zugleich in echten plutarchischen Schriften finden. So 156 C die Bemerkung über den bildenden Einfluss der Musik. Derselbe Gedanke findet sich ausser an mehreren Stellen bei Plato auch in der plutarchischen Schrift de superstitione c. 5, 167 B. Dass der Liebesgenuss durch die Verbindung der Körper auch die Seelen einige und verschmelze (conv. 156 D), stammt aus Platos συμπόσιον 323 D und findet sich auch bei Plutarch, Amat. 767 D. (vgl. hiezu Wyttenbach l. c. p. 249, aus dem genannte Stellen entnommen sind!)

Eine der wichtigsten hieher gehörigen Particen ist die von Volkmann so viel geschmähte Rede Solons in c. 16. Dass ihr Inhalt sich im ganzen deckt mit der Rede des Sokrates in Platos Phädon 64 A - 67 B, also mit der platonischen Ethik übereinstimmt, habe ich bereits an einer früheren Stelle erwähnt. Ihr Inhalt klingt aber teilweise auch an die Lehre der Pythagoreer an, namentlich der Gedanke, dass man sich des Fleischgenusses enthalten solle, da wir durch das Töten der Tiere uns versündigen. Ausserdem finden sich einige Einzelheiten unserer Rede auch in andern plutarchischen Abhandlungen, und zwar mit Ausnahme des Gryllus gerade in solchen, welche den gleichen Stoff, nämlich die Nahrung, behandeln. So ist in der Schrift de esu carn. or. post. c. I, 2, wie im Anfange unserer Rede, die Sitte der Ägyptier erwähnt, vor der Einbalsamierung der Toten den Magen als den Sitz der Unreinigkeit herauszuschneiden und wegzuwerfen. Zu den Worten 159 B: δεινῶν τινων ῥευμάτων καὶ πνεύματος ὁμοῦ ist zu vergleichen Gryllus c. 8, 2: ... παντοδαπῶν πνευμάτων καὶ δυσκαθάρτων ὑμᾶς ἐμπίπλησι. Und mit den Worten: ... καὶ νεκρῶν περίπλεως· ζῶν γὰρ οὐδεὶς ἀπ᾽ οὐδενὸς τρέφεται ζῶντος qu. conv. l. IV, qu. 4, c. 3, 6: κρέας δὲ πᾶν νεκρόν ἐστι καὶ νεκροῦ μέρος. Beiläufig sei noch erwähnt, dass in qu. conv. l. IV, qu. 1, c. 1, 6 ebenfalls auf die Ἑκατομφόνια der Messenier angespielt ist, wie in unserer Rede 159 F. Auf die Übereinstimmung des Satzes ὥσπερ οὖν οἱ δουλεύσαντες ... mit qu. conv. l. V, prooem. 3 und 4 wurde bereits früher hingewiesen.

In der Rede Solons erinnerte, wie eben erwähnt, die Stelle bezüglich der Enthaltung von Fleischnahrung an die Lehre der Pythagoreer. Mit diesen teilte Plutarch bekanntlich auch seine milde Gesinnung gegenüber den Tieren. Ja er spricht denselben sogar Vernunft zu, wie wir aus de soll. anim. ersehen. Auch das Gastmahl gibt uns einen Beleg dafür in den am Schlusse der Schrift erwähnten Sagen bezüglich wunderbarer Rettungen durch Delphine, und in c. 19, 162 F und 163 A ist die menschenfreundliche Gesinnung derselben und ihre Freude an der Musik ziemlich ausführlich besprochen. In de soll. anim. nun sind nicht nur diese Sagen, von denen bereits früher die Rede war, kurz erwähnt, sondern es findet sich auch c. 26,4 dieselbe Erzählung wie im conv. c. 19, 163 A, dass die Delphine, wenn sie in den Netzen gefangen sind und unter den übrigen Fischen Schaden anrichten, von den Fischern wie Kinder gezüchtigt und dann freigelassen werden.

Als Platoniker zeigt sich aber der Verfasser des Gastmahls hauptsächlich auch in c. 21, a. A. in den Worten:
ψυχῆς γὰρ ὄργανον τὸ σῶμα, θεοῦ δ᾽ ἡ ψυχή. Dieselbe Anschauung ist auch vertreten de Pyth. orac. c. 21, 404 B,
und zwar teilweise mit denselben Worten.

Seine Stellung gegenüber den Epikureern und Stoikern
kennzeichnet am besten in c. 15, 158 E der Satz: ἡδονῆς
δὲ πάσης μὲν περιέχεσθαι καὶ πάντως ἀλόγιστόν ἐστι, πᾶσαν δὲ
φεύγειν καὶ πάντως ἀναίσθητον. Und ganz besonders charakteristisch für die ablehnende Haltung, welche der Verfasser
unserer Schrift der Lehre Epikurs gegenüber einnimmt, sind
in c. 18, 161 F die Worte: . . . διανοεῖσθαι πρὸς αὐτόν, ὡς
οὐκ ἔστιν εἷς ὁ τῆς Δίκης ὀφθαλμός, ἀλλά πᾶσι τούτοις (nämlich den Sternen) ἐπισκοπεῖ κύκλῳ ὁ θεὸς τὰ πραττόμενα περὶ
γῆν τε καὶ θάλατταν. Sie sind gegen die mechanische,
die Vorsehung leugnende Weltauffassung der Epikureer gerichtet, und das ist ganz Plutarchs Standpunkt. Zudem enthält die Stelle adv. Colot. c. 30, 3 ganz den gleichen Inhalt,
und das hier angeführte Dichtercitat: Ἔστιν Δίκης ὀφθαλμός,
ὃς τὰ πάνθ᾽ ὁρᾷ schwebte dem Verfasser des Gastmahls
zweifellos vor. Hier sei zugleich noch hingewiesen auf eine
andere Stelle in der Schrift adv. Coloten, nämlich c. 22, 3
und 4. Was hier Plutarch dem Epikureer Kolotes zum Vorwurfe macht, nämlich Irreligiosität, wird im Gastmahle c.
15, 158 E von Kleodoros als Folge des Aufhörens der Nahrung bezeichnet. Zwischen beiden Stellen besteht eine auffallende Übereinstimmung. Man vergl.

adv. Col.	conv. s. s.
μήτε Δία γενέθλιον μήτε Δή- μητρα θεσμοφόρον μήτε Πο- σειδῶνα φυτάλμιον.	ὀμβρίῳ δὲ Διὶ καὶ προηροσίῳ Δήμητρι καὶ φυταλμίῳ Πο- σειδῶνι.
Τίνι γὰρ προηρόσια θύσο- μεν; . . .	Τί δὲ θύσομεν . . .

4

$Ταῦτα\ γὰρ\ ἅπτεται\ τῶν\ κυ$- $\qquad Πάντα\ γὰρ\ ταῦτα\ τῶν\ με$-
$ριωτάτων\ καὶ\ μεγίστων.\ .\ .\ .$ $\qquad γίστων\ ἀνατροπὴν\ καὶ\ σύγ$-
$\qquad\qquad\qquad\qquad\qquad\qquad\qquad χυσιν\ ἔχει\ πραγμάτων.$

Wenn ich das bisher über den Inhalt unserer Schrift
Bemerkte nochmals kurz zusammenfasse, so glaube ich nicht
mit Unrecht behaupten zu dürfen, dass sich in derselben die
verschiedenen Arten der schriftstellerischen Thätigkeit Plutarchs und die Mannigfaltigkeit seiner geistigen Interessen
treffend abspiegeln. Wiederholt war es möglich, die hieher
gehörigen Particen des Gastmahls durch schlagende Parallelstellen aus echten plutarchischen Schriften zu belegen.

c. Einzelne inhaltliche Übereinstimmungen.

Ausser den oben erwähnten Übereinstimmungen im
Inhalte findet sich noch eine Reihe von Einzelheiten unserer
Schrift auch sonst bei Plutarch. Sehr viele derselben sind zwar
bereits bei Wyttenbach, Muhl und Herrmann citiert, und ich
könnte deshalb auf eine nochmalige Wiedergabe derselben
verzichten. Allein im Interesse der Vollständigkeit dürfte
es sich empfehlen, sie noch einmal sämmtlich zusammenzu-
stellen, um so mehr als die bei Wyttenbach citierten nur
zerstreut zu finden sind, und Muhl zwar einige neue Bemerkungen beibringt, aber manche wieder nicht anführt, welche
bereits Wyttenbach erwähnt.

Aus der Zahl derselben möchte ich zunächst heraus-
greifen die Bemerkungen in der Einleitung unserer Schrift
über das Verhalten bei Gastmählern, conv. c. 2, 147 E- 148B
und c. 3, 148 E - 149 B. Auch in den Tischgesprächen
kommt Plutarch wiederholt auf ähnliche Dinge zu sprechen,
und zwar speziell in einigen Proömien. So sagt er qu. conv.
l. IV, prooem., man solle beim Gastmahle sich Freunde zu
erwerben suchen und sich nicht etwa gar mit andern ver-
feinden und weniger der Speisen und Getränke wegen zum
Gelage kommen als wegen des geistigen Genusses, ganz wie
im conv. c. 2. Denselben Gedanken enthält auch qu. conv.

l. VII, prooem. und qu. 6, c. 3, 5 und 7. Ferner ist im Anschlusse an die obigen Verhaltungsmassregeln bei einem
Gastmahle im conv. s. s. c. 2 a. E. die Sitte der Ägyptier
erwähnt, bei den Gastmählern ein Skelett aufzustellen, um
dadurch einander zu gegenseitiger Liebe und Freundschaft
zu ermahnen. Die gleiche Erzählung findet sich auch de
Is. et Osir. c. 17 a. E. (nicht c. 19, wie Muhl irrtümlich schreibt),
und zwar mit derselben Motivierung. Ferner beginnt qu.
conv. l. I, qu. 2, c. 1 mit einer ganz ähnlichen Erzählung
wie die im conv. c. 3 über die verletzte Eitelkeit des Alexidemus.

Von sonstigen Übereinstimmungen sind noch hervorzuheben: c o n v. c. 2. Die bereits erwähnte Erzählung über die
Zunge als das πονηρότατον καὶ χρησιότατον κρέας findet sich
ausser in den Fragmenten des Hesiodkommentars auch de
audiendo c. 2, 38 B und de garrul. c. 8, 506 C. — Das τί
παραδοξότατον . . . , τέραννον γέροντα ist auch de genio
Socratis, c. 6 als Ausspruch des Thales erwähnt. Im conv.
s. s. lehnt ihn Thales selbst allerdings in dieser Fassung ab
und hält ihn nur mit der Modifikation κυβερνήτην γέροντα
als den seinigen aufrecht. Doch ist dies ebenso bedeutungslos
als die Vertauschung der Namen der Weisen,*) wie sie sich
wieder in folgendem Ausspruche findet. Nämlich das von
Diokles dem Thales zugeschriebene Apophthegma, dass von
den wilden Tieren der Tyrann, von den zahmen der
Schmeichler das schlimmste sei, wird von Thales abgelehnt
und dem Pittakus zugeschrieben. Es findet sich unter dem
Namen des Bias de discr. am. et adul. c. 19, 61 C. Die im
Anschlusse an die beiden Aussprüche von Thales erwähnte
Anekdote von dem Knaben. welcher nach einem Hunde
warf, aber seine Stiefmutter traf und dann sagte: οὐδ' οὕτω
κακῶς, findet sich auch de tranqu. an. c. 6. 467 C. Über
den Gedanken: διὸ καὶ Σόλωνα σοφώτατον ἡγησάμην οὐ δεξά-

---

*) Vgl. hiezu Muhl, l. c. p. 28 Anm.!

4*

μενον τυραννεῖν handelt Plutarch ausführlich in der vita Solon. c. 14.

conv. c. 3, 148 D. Dass Eumetis nach ihrem Vater
Kleobulus meistens Kleobuline genannt werde, ist auch zu
lesen de Pyth. orac c. 14 g. E., und zwar fast mit denselben Worten.

conv. c. 5, 150 F. Dass die Ägyptier wegen Typhon
den Esel verachten, und die Bewohner von Busiris keine
Trompeten dulden wegen ihres dem Geschrei eines Esels
ähnlichen Klanges, ist auch erzählt de Is. et Osir. c. 30 i.
d. M. Man vergl. namentlich die Ausdrücke ὡς ὄνῳ φθεγ-
γομένης ὅμοιον im conv. und ὡς ὄνῳ φθεγγομέναις ἐμφερές de
Is. et. Os.

conv. c. 7, 152 D. Das solonische Gesetz, οἰκέτας
μὴ ἐρᾶν μηδὲ ξηραλοιφεῖν, findet sich auch in der vita Sol. c.
1 a. E. und im Amat. c. 4 a. E.

conv. c. 10. Der hier erwähnte ἀγὼν Ὁμ. καὶ Ἡσ. ist,
wie bereits bemerkt, ausführlich erzählt in den Fragmenten der
Hesiodscholien und kurz berührt qu. conv. l. V, qu. 2, 6. Die
Schilderung des ἀγὼν im conv. stimmt in zwei Dingen auffallend mit der genannten qu. 2 überein. Die einleitenden
Worte, ἀλλὰ μὴν καὶ τοῖς παλαιοῖς Ἕλλησιν ἔθος ἦν, ὦ Κλεό-
δωρε, τοιαύτας ἀλλήλοις ἀπορίας προβάλλειν, erinnern auffallend an die Überschrift der qu. 2, ὅτι παλαιὸν ἦν ἀγώνισμα
τὸ τῆς ποιητικῆς. Ebenso die Worte, πολλὴν ἀπορίαν μετὰ
αἰδοῦς τοῖς κρίνουσι παρεῖχε, an die erwähnte qu. 2, 2 ἀλλὰ
καὶ πράγματα τοῖς κρίνουσι παρέσχεν.

conv. c. 11, 154 D. Der hier erwähnte Ausspruch
Solons über die beste Demokratie findet sich mit denselben
Worten in der vita Sol. c. 18 a. E.

conv. c. 12, 155 B. Zu den Worten, εἰκότως οὖν σοι
γέλωτα παρέσχεν ὁ Σόλων, ist zu vergleichen vita Sol. c. 28
a. A. Hier macht Äsop dem Solon Vorwürfe, dass er dem
Krösus in der bekannten Weise geantwortet habe. Die unmittelbar an obige Stelle sich anschliessende Fabel vom

Fuchse und Panther findet sich auch animine an corporis
aff. sint. peiores c. 2, a. A.

conv. c. 13, 155 E. Vom Becher des Bathykles,
auf welchen hier angespielt wird, ist auch die Rede in der
vita Sol. c. 4 a. E.

conv. c. 14, 157 F. Das *ᾳηδάλιον μὲν ὑπὲρ καπνοῦ*
aus Hesiod ist auch citiert de cup. div. c. 8.

con. c. 15, 158 F. Der Gedanke: *ἀφροδισίων δὲ νέκ-
τα καὶ πολὺ προβάλλονται σκότος* findet sich auch qu. conv.
l. III. qu. 6, c. 4, 4.

Nach diesen auffallenden Übereinstimmungen unserer
Schrift in Sprache und Inhalt mit echten plutarchischen
halte ich die Möglichkeit, dass etwa ein geschickter Fälscher
es verstanden habe, ein Werk zu schaffen, das mit den
übrigen plutarchischen in allen Stücken übereinstimmt, für
völlig ausgeschlossen. Denn ein Mal müsste sich derselbe
doch verraten. Vielmehr dürfte sich aus meiner Abhandlung
als unumstössliches Resultat ergeben haben, dass kein anderer
der Verfasser des Gastmahls der 7 Weisen sein kann als
der bekannte Historiker und Philosoph Plutarch von Chäronea.

IV.

Textkritische und erläuternde Anmerkungen zum Gastmahle der 7 Weisen.

Bevor ich die Erläuterung einzelner Stellen des Gastmahls beginne, will ich einige einleitende Bemerkungen vorausschicken über die Hilfsmittel, welche mir bei der Lektüre
desselben zu gebote standen. Die Reiskesche Ausgabe enthält, von einigen gröberen Irrtümern abgesehen, manche
treffliche Bemerkungen, namentlich soweit dieselben die
Kritik betreffen. Hingegen finden sich in der derselben bei-
gefügten lateinischen Übersetzung von Xylander bedenkliche
Verstösse gegen die Klassizität und Grammatik der lateinischen Sprache. So schreibt er 150 C cena frugalior statt

c. simplicior, 152 D audire peritus statt audiendi peritus.
149 E übersetzt er παραινῶ mit consulo statt suadeo. 152 D
muss es statt quae unum audit quae unum audiat heissen,
da die Worte im Sinne Äsops gesprochen sind. γηράσει fasst
er als 3. Person; denn er übersetzt es mit fore, ut consenescat,
statt fore, ut consenescas. Auch sind manche Stellen völlig
missverstanden, ein Umstand, der freilich teilweise auf die
schlechte Überlieferung unserer Schrift zurückzuführen ist.
Näheres hierüber wird sich bei der Behandlung der einzelnen Stellen ergeben.*)

Trotz der augenfälligen Mängel der Xylanderschen Übersetzung ist dieselbe in den Ausgaben von Wyttenbach und
Dübner fast unverändert beibehalten. Von diesen beiden
hat sich der ebenso gelehrte als scharfsinnige Wyttenbach
um die Interpretation und Kritik der plutarchischen Moralia
grosse Verdienste erworben. Die kritischen Bemerkungen
unter dem Texte seiner Ausgabe sowie seine animadversiones sind sowohl ein Beweis für sein sicheres Urteil bei Behandlung schwieriger Stellen als auch von seiner grossen
Belesenheit in der griechischen Literatur und genauen Kennt-
nis Plutarchs. Die von Dübner besorgte Pariser Ausgabe
basiert wesentlich auf Wyttenbach. Sie bietet nicht besonders viel Neues.

---

*) Derartige Fehler liessen sich auch in anderen Schriften zahlreich
auffinden. Ich will hier nur einen der gröbsten anführen, der mir im
Gryllus, c. 10, 4 auffiel. Gryllus sagt hier zu Odysseus: Ἐννόησον δέ,
ὅτι τὰς ἐνίων ἀβελτερίας καὶ βλακείας ἐλέγχουσιν ἑτέρων πανουρ-
γίαι καὶ δριμύτητες, ὅταν ἀλώπεκι καὶ λύκῳ καὶ μελίττῃ πα-
ραβάλῃς ὄνον καὶ πρόβατον· ὥσπερ εἰ σαυτῷ τὸν Πολύφημον ἢ τῷ
πάππῳ σου, τῷ Αὐτολύκῳ, τὸν Κορίνθιον ἐκεῖνον Ὅμηρον.
Gryllus vergleicht also hier mit dem Grossvater des Odysseus einen Ko-
rinthier namens Homer, natürlich nicht den Dichter. Xylander übersetzt,
indem er zugleich emendiert: . . . aut cum avo tuo Autolyco [Glau-
cum] illum Corinthium, de quo est apud Homerum. Darnach müsste also
Homer, der Verfasser der Odyssee, vor Odysseus gelebt haben.

Erst Hercher hat in unserer Zeit in der Kritik der plutarchischen Moralia neue Bahnen eingeschlagen und vielfache Verbesserungen des Textes vorgenommen. Manchmal ist er dabei freilich allzu kühn, justo audacior, wie Bernardakis in der Vorrede seiner Ausgabe richtig bemerkt. Da Hercher seiner wissenschaftlichen Thätigkeit leider zu früh durch den Tod entrissen wurde, — von seiner Ausgabe der Moralia ist nur der 1. B. erschienen — so hat Bernardakis es unternommen, das Unternehmen desselben fortzusetzen und einen den modernen Anforderungen entsprechenden Text der Moralia herzustellen. Inwieweit ihm dies bis jetzt gelungen ist, will ich hier nicht entscheiden. Nur auf etwas möchte ich bei dieser Gelegenheit aufmerksam machen. v. Wilamowitz macht l. c. p. 199 Bernardakis den Vorwurf, dass seine Ausgabe des Symposions im wesentlichen nur ein Nachdruck des Hercherschen Textes sei. Dies ist wohl im ganzen richtig. Allein Bernardakis folgt doch auch in vielen Stücken entgegen Hercher seinem eigenen Urteile und geht mehrfach an Stellen, wo dieser emendiert, mit richtigem Blicke auf die Textesüberlieferung zurück. Eine von Felix Bähr herausgegebene Übersetzung, welche mir noch vorlag, ist nicht schlecht, taber veraltet. Bähr folgt dem Texte von Wyttenbach.

Von den auf Textkritik bezüglichen Schriften benützte ich ausser Bernardakis, Symbolicae criticae et palaeogr. in Plut. vitas parall. et moralia, Leipzig 1879 und Sofus Larsen, Studia critica i. Plut. moral., Kopenhagen, 1889, namentlich den bereits mehrfach citierten Artikel v. Wilamowitz-Möllendorffs, dessen Hauptinhalt sich auf Kritik und Interpretation einzelner Stellen des Konviviums bezieht. Seine Bemerkungen sind geistreich, aber manchmal zu gesucht und unwahrscheinlich. Trotz dieser und einiger anderer Vorarbeiten gibt es in unserer Schrift noch viel zu emendieren und interpretieren, und v. Wilamowitz behauptet l. c. p. 199 mit Recht, dass die Kritik der plutarchischen Moralia noch in den Anfängen stehe.

So hat sich mir bei wiederholter Lektüre des Gastmahls und beim Studium der hieher gehörigen Schriften eine Reihe von Beobachtungen ergeben. Es sind im einzelnen folgende:

c. 2. 147 D. γεωργοῦ γὰρ ἀκρίδας καὶ ὄρνιθας ἀντὶ πυρῶν καὶ κριθῶν συγκομίζειν ἐθέλοντος ... Um das sinnlose ἀκρίδας καὶ ὄρνιθας zu emendieren, sind die mannigfaltigsten Versuche gemacht worden. Vgl. Bernardakis, l. c. p. 53! Dieser schreibt κνίδας καὶ ὀνωνίδας und wendet sich namentlich gegen Wyttenbachs αἴρας καὶ ὀροβάγχας. Letzterer hat jedoch zweifellos allein das Richtige gesehen. Denn dies lehrt uns die Stelle de esu carn. or. pr. c. 3, 3 : . . καί που τινος αἴρας στάχυν ἰδὼν καὶ ὀριβάκιν. Für ὀριβάκιν, das sich sonst nirgends findet, möchte ich nun an letzterer Stelle ὀροβάχχην schreiben und auch im Gastmahle statt ὀροβάγχας ὀροβάχχας einsetzen.

148 A. . . καὶ ἐνίοις ἐμμένει τὸ πρὸς ἀλλήλους δυσάρεστον, ὥσπερ ἑωλοκρασία τις ὕβρεως ἢ ὀργῆς ἐν οἴνῳ γενομένης. So interpungieren Bernardakis und Hercher, und vor ihnen bereits Dübner und Wyttenbach. Bei dieser Art der Interpunktion muss man den Genitiv als nähere Bestimmung zu ὥσπερ ἑωλοκρασία τις auffassen. Dies gäbe aber keinen passenden Sinn. Vielmehr ist derselbe mit τὸ πρὸς ἀλλήλους δυσάρεστον zu verbinden, und darnach das Komma entweder ganz zu streichen, oder der Ausdruck ὥσπερ ἑωλ. τις in zwei Kommata einzuschliessen.

c. 3, 148 B. Ἐν τοιούτοις λόγοις γενόμενοι κατὰ τὴν ὁδὸν ἀφικόμεθα πρὸς τὴν οἰκίαν, . . . Xylander lässt die Worte γενόμενοι κατὰ τὴν ὁδὸν in seiner Übersetzung aus und schreibt: „Inter hos sermones ad coenaculum pervenimus." Bähr übersetzt: „Unter solchen Gesprächen auf dem Wege." Aber wo bleibt denn da γενόμενοι? Die Stelle ist vielmehr so zu übersetzen: Unter solchen Gesprächen kamen wir auf den Weg (zurück). Denn sie waren ja von der Strasse abgelenkt und durch die Felder gegangen, wie es oben (146

E) heisst: *ἐβαδίζομεν οὖν ἐκτραπόμενοι διὰ τῶν χωρίων.* In derselben Bedeutung findet sich *γενέσθαι κατά* auch c. 20, 163 B: . . . *ὡς ἐγένοντο κατὰ τὸν τόπον.*

c. 4, 150 B. . . . *παρὰ τὸ δεῖπνον.* Ich finde entgegen Wyttenbach und von Wilamowitz an diesen Worten nichts Auffälliges. Lokal ist der Ausdruck *παρὰ τὸ δεῖπνον* freilich nicht zu fassen, sondern zeitlich. In diesem Sinne und in solchen Verbindungen gebraucht aber Plutarch die Praeposition *παρά* mit Vorliebe. Man vgl. qu. conv. l. I, qu. 4, c. 3, 2: . . . *δικαζομένους παρὰ δεῖπνον*; l. V, qu. 2, 5: *καὶ παρὰ τὸ δεῖπνον* . . ; De Is. et Osir. c. 17, 357 E: *παρὰ τὰ συμπόσια.* Namentlich findet sich häufig der Ausdruck *παρὰ πότον.* Auch von Wilamowitz' Bemerkung, Eumetis habe nicht blos während des *δεῖπνον*, sondern auch während des *συμπόσιον* gesessen, ist nicht richtig. Denn das eigentliche *συμπόσιον* beginnt erst, nachdem Melissa und Eumetis sich entfernt haben (mit c. 13), da nach griechischer Sitte nur Hetären am *συμπόσιον* teilnahmen. Erst jetzt begannen die Teilnehmer des Gastmahls einander zuzutrinken und dem Weine eifriger zuzusprechen. Schliesslich ist aber auch keineswegs die Angabe des Platzes der Eumetis nötig, wie Wyttenbach und von Wilamowitz meinen. Denn da sie mit Melissa kam und ging, wird sie wohl auch bei derselben Platz genommen haben, und nicht etwa neben ihrem Vater mitten unter den Männern. Dieser Ansicht ist ja auch von Wilamowitz l. c. p. 214. Es ist dies eben so natürlich, dass eine spezielle Angabe ihres Platzes überflüssig erscheint.

c. 6, 151 B. *οὕτω δὲ παρεδίδου* . . . *ἀναγνῶναι.* Wer hat den Brief vorgelesen, Neiloxenos oder Bias? Nach Xylander und Bähr Bias. Hingegen bemerkt Wyttenbach animadv. p. 231 mit Recht: „Nam ipse Niloxenus epistolam praelegisse videtur“, nachdem bereits Reiske die gleiche Bemerkung gemacht hatte. Da aber beide ihre Ansicht nicht näher begründen, und neuerdings Volkmann der Meinung ist, Bias habe den Brief vorgelesen, — er sagt p. 191: „Und

die Gäste vernehmen nun aus Bias' Munde die Anfrage des
Königs Amasis" — so will ich hier auf die Sache näher
eingehen und den Nachweis führen, dass kein anderer als
Neiloxenos den Brief vorgelesen hat. Es erhellt dies aus
folgenden Gründen:

1. Das Imperf. παρεδίδου drückt aus, dass Neiloxenos
dem Bias den Brief übergeben wollte, hinreichte; es ist ein
Imperf. conatus. Hätte Bias den Brief angenommen, dann
müsste παρέδωκε stehen. Man vgl. hiezu ἐδίδουν, ich bot an,
und ἔδωκα, ich gab!

2. Neiloxenos hat den Auftrag, dem Bias den Brief des
Amasis zu bringen, und erst dann, wenn diesem die Lösung
des Rätsels nicht gelinge, ihm den übrigen Weisen vorzulegen. Wie würden aber hiezu die Worte passen: Neiloxenos gab ihm den Brief und forderte ihn auf, denselben sämmt-
lichen Anwesenden vorzulesen? Der Inhalt des Briefes ist
ja zunächst nur für Bias bestimmt. Das Recht, ihn allen
Anwesenden vorlesen zu lassen, hat Bias, nicht Neiloxenos.

3. Hätte Bias den Brief selbst vorgelesen, so würde
es 151 C kaum heissen τούτων ἀναγνωσθέντων, sondern ταῦτα
ἀναγνοὺς, da der Grieche die aktivische Partizipialkonstruktion
vorzieht.

4. Dafür spricht ganz unzweideutig 151 C das τί λέ-
γεις, ὦ Ναυκρατίτα . . . und 152 E die Worte: ὅρα δή, Νει-
λόξενε, τὰ λοιπὰ τῆς ἐπιστολῆς.

c. 7, 151 F. ὅτι τοὺς νόμους ὁ Σόλων ἔφησεν μετακι-
νήτους εἶναι. Mit Recht verteidigt von Wilamowitz die handschriftliche Lesart μετακινητοὺς gegenüber Wyttenbachs
Emendation μὴ μετακινητοὺς, die auch Bernardakis aufgenommen hat. Döhner und Hercher schreiben ἀμετακινήτους. Wyttenbach wurde irregeleitet durch die zwei Stellen Plut., Solon
92 D und Lycurg 57 D — F. Aber beide widersprechen der
unsrigen keineswegs. An der ersten heisst es, Solon habe
sich von den Athenern einen zehnjährigen Urlaub erbeten,
um den beständigen Fragen und Abänderungsvorschlägen

seiner Mitbürger auszuweichen, und zugleich, weil er hoffte,
dass die Athener in dieser Zeit sich an seine Gesetze ge-
wöhnen würden. Hier steht doch kein Wort davon, dass
Solon allgemein den Satz ausgesprochen hat, die Gesetze
dürften nicht geändert werden. Spricht denn nicht seine
eigene Gesetzgebung, welche doch mit einer Abänderung
oder Abschaffung der bestehenden Gesetze verbunden war,
direkt dagegen? Ebenso verhält es sich mit Lykurg. Auch
dieser hat ja die spartanische Verfassung vollständig umge-
schaffen, war also keineswegs der Ansicht, dass die bestehenden Gesetze unantastbar seien, sondern wollte nur von
seinen eigenen Gesetzen, nachdem er zuvor das Orakel be-
fragt hatte, dass die Spartaner nichts daran ändern sollten.
Übrigens müsste die handschriftliche Lesart μεταχινητοὺς beibehalten werden, auch wenn sie den beiden obengenannten
Stellen widerspräche. Denn nur so erhalten wir einen ver-
nünftigen Sinn. Herrmann hätte sich also die Stelle genauer
überlegen sollen, bevor er ἀμεταχίνητος als ἅπαξ λεγόμενον
erklärte.

c. 10, 153 F καὶ προύβαλε μέν, ὥς φασι, Λέσχης.
Sämmtliche Versuche, diese verderbte Stelle zu heilen, sind
als missglückt zu bezeichnen. Méziriac und Wyttenbach haben übrigens richtig erkannt, dass als Subjekt zu προύβαλεν un-
bedingt Ὅμηρος zu denken ist. Denn es war bei derartigen
Wettkämpfen Sitte, dass der eine der Streitenden dem andern
Fragen zur Beantwortung vorlegte. Méziriac schreibt καὶ
προύβαλε μὲν Ὅμηρος . . . . Wyttenbach καὶ προύβαλεν Ὅμηρος, φησὶ Λέσχης. Aber in beiden Fällen bleibt immer noch
das Λέσχης unerklärt, und dieses ist an unserer Stelle das
einzige Wort, welches nicht zu erklären und sicher verderbt
ist. Am einfachsten wäre es nun freilich, statt Λέσχης Ὅμηρος einzusetzen, wenn diese Konjektur nicht allzu kühn wäre.
Übrigens hätte sie immer noch mehr Wahrscheinlichkeit für
sich, als die Erklärung von Wilamowitz-Möllendorffs, der
Λέσχης stehen lässt und Ὁμήρου καὶ Ἡσιόδου als Glossem er-

klärt. Also Plutarch soll von einem Wettkampf des Lesches und Hesiod gesprochen haben, weil er diese Notiz in seiner Quelle so vorfand? Für einen so unkritischen Abschreiber kann ich Plutarch unmöglich halten. Übrigens erwähnt er ja auch in den qu. conv. l. V, qu. 2 und in den Fragmenten des Hesiodkommentars diesen ἀγὼν Ὁμήρου καὶ Ἡσιόδου und bemerkt an der ersten Stelle weiter, dass derselbe durch die Grammatiker vielfach behandelt und genau bekannt sei. Eine Verwechslung dürfte doch in diesem Falle vollständig ausgeschlossen sein.

c. 13, 155 F. πέρυσι γὰρ καὶ νυνὶ . . . Um diese korrupte Stelle zu emendieren, sind die gewagtesten Versuche gemacht worden. Vergl. hiezu Bernardakis l. c. p. 54 ff. ! Aber keiner gibt eine befriedigende Lösung. Ich glaube, der Schlüssel hiezu dürfte sich finden bei Diog. Laërt. l. I, c. 7, 7. Dort heisst es nämlich in dem Einladungsschreiben, welches Periander an die in Delphi versammelten 7 Weisen richtet, unter anderm folgendermassen: „πεύθομαι, ὡς πέρυσι ἐγένετο ἡμῶν ἁλία παρὰ τὸν Λυδὸν εἰς Σάρδεις.“ Darnach möchte ich an unserer Stelle schreiben: ὥστε πέρυσι παρὰ τῷ Λυδῷ. Diese Emendation lässt sich nämlich auch paläographisch leicht erklären.

c. 14, 157 A. μητρὸς. „Omnino probabilius est θυγατρὸς, quod dat G. Harl. 1. 2: aenigma plane convenit ingenio Cleobulinae.“ So Wyttenbach. Darnach scheinen doch die meisten Hdschschr. μητρὸς zu haben. Auch Reiske und Dübner haben μητρὸς, Hercher und Bernardakis θυγατρὸς. Aus verschiedenen Gründen möchte ich mich für μητρὸς entscheiden. Denn

1. Ein Vater dürfte schwerlich sagen: Meine Tochter erzählte ihrem Bruder die Fabel, statt: Meine Tochter erzählte meinem Sohne. . . Hingegen passt sehr gut: Meine Mutter erzählte meinem Bruder. . .

2. Es steht wohl der Mutter an, dem Sohne Ermah-

nungen zu geben, weniger der Schwester gegenüber dem Bruder, zumal der noch sehr jugendlichen, wenn auch weisen und klugen Eumetis.

3. μητρὸς passt besser zum Bilde.

c. 15, 158 C. ἢ εἰ τὸ μέγιστον εἶ (od. οὐ) δοκεῖ. So haben die Handschriften. Herwerdens Verbesserung dieser Stelle ist wohl als die glücklichste zu bezeichnen, nämlich ἢ οὐ τὸ μέγιστόν σοι δοκεῖ τὸ ... von Wilamowitz billigt diese Emendation. Allein ich möchte mich hauptsächlich aus paläographischen Gründen für eine kleine Änderung entscheiden und schreiben: ἢ σοὶ τὸ μέγιστον οὐ δοκεῖ τὸ... Die Verwechslung von ε und ο (Ε und Ο) findet sich in unserer Schrift ziemlich häufig. Daher auch 155 D die Variante ἔχοι für ἔχει, 163 C ἐκπέσειεν für ἐκπέσοιεν, und an unserer Stelle die Variante εἶ und οὐ. Ebenso verhält es sich mit σοὶ und εἰ (C O / und Ε /). Aus dem Ο wurde Ε, C konnte wegen der Ähnlichkeit mit Ο leicht übersehen werden. Übrigens lassen sich für diese Lesart auch noch zwei andere Gründe anführen: 1. σοὶ passt gut an den Anfang des Satzes, da der Nachdruck des Gegensatzes darauf ruht. 2. Die Negation οὐ hat ihre Stellung am besten unmittelbar vor dem Verbum δοκεῖ. Vgl. auch Stellen, wie Plato, Phädon, 62 B: ἢ σοὶ οὐ δοκεῖ οὕτως; 65 B: ἢ σοὶ οὐ δοκοῦσιν. . .;

159, C. φυγὴ δὲ μία καὶ καθαρμὸς εἰς δικαιοσύνην τελειοῖ αὐτάρκη καὶ ἀπροςδεῖ γενέσθαι. Statt τελειοῖ möchte Reiske τέλειος oder τελείαν schreiben. Allein statt τελείαν würde wohl τέλειον besser sein, da dies der handschriftlichen Lesart näher kommt, und τέλειος meistens als Adjektiv zweier Endungen gebraucht wird. Bernardakis hat τέλειος, obwohl Hercher, der τέλειον schreibt und dasselbe mit αὐτάρκη und ἀπροσδεῖ verbindet, ohne Zweifel das Richtige gesehen hat. Wir haben hier, wie so oft bei Plutarch, stoische Terminologie. Vgl. hiezu Wyttenbach, l. c. p. 257 zu 158 D: „Definitio congruens rationi Stoicorum, und v. Wilamowitz l. c. p. 220 zu 157D : ...„hier wie sehr häufig, herrscht stoische

Terminologie." Zudem erhält Herchers Vorschlag seine Bestätigung durch die Stelle de comm. not. adv. Stoic. 1068 C: ἐκεῖνος ὄλβιος, ἐκεῖνος ἀπροσδεής, ἐκεῖνος αὐτάρκης, μακάριος, τέλειος. Hingegen habe ich an Herchers Lesart: τὸ τέλειον καὶ αὐτάρκη καὶ ἀπροςδεᾶ . . mehreres auszusetzen. Denn ob vor τέλειον ein τὸ einzuschalten ist, möchte ich sehr bezweifeln, wenn sich auch das Ausfallen desselben leicht erklären liesse. Auch ist es keineswegs nötig, nach τέλειον ein καὶ einzuschieben. Wir haben hier Asyndeton. Das καὶ nach αὐτάρκη verbindet nur die beiden synonymen Begriffe αὐτ . . und ἀπροσδεῇ. Schliesslich ist nicht einzusehen, warum Hercher statt des handschriftlichen ἀπροςδεῇ ἀπροσδεᾶ schreibt. Denn auch in den qu. conv. l. II, qu. 3, c. 3, 19 steht ἀπροσδεῇ.

c. 17, 160 E. δὲ ἀκτέον ἐπὶ . . . von Wilamowitz geht entgegen Hercher und Bernardakis mit Recht auf Haupts vortreffliche Emendation δ'ᾀστέον zurück. Aber von ἐπὶ sagt er nichts. Dasselbe ist doch offenbar in ἐστὶ zu ändern.

c. 18, 161 F. Die bisherige Auffassung des ὥσπερ τρίβον ἀνασχιζόμενον als eines Vergleichungsgliedes zu ἐσιώσησο θαλάσσης ist entschieden unrichtig. Méziriac, der die Worte so nimmt, wollte in τρίβον ἀνασχιζομένον ändern. Wyttenbach spricht sich zwar für τρίβον ἀνασχιζόμενον aus, fasst es aber ebenfalls als Vergleichungsglied zu τῆς θαλάσσης und erklärt den Accusativ unter Hinweis auf andere plutarchische Stellen durch eine Art Enallage, wobei er die Bemerkung beifügt: „At huiusmodi subinde occurrunt cásuum enallagae apud bonos scriptores." Aber derartige Konstruktionen sind ungewöhnlich und erregen schon deshalb Bedenken. Die Stelle lässt sich viel einfacher erklären, wenn man ὥσπερ τρίβον ἀνασχιζόμενον abhängig macht von καθορῶν. Er sah, wie sich für die Fahrt gleichsam eine Strasse öffnete, während ringsum das Meer ruhig war.

c. 20, 163 B. θυγατέρα Σμινθέως. Mit Bezug auf die Variante μητέρα, welche sich nach der Reiskeschen Ausgabe

in einer Handschrift findet, bemerkt Xylander etwas selbst-
gefällig: „Quomodo mater Sminthei virgo fuerit, alii expedi-
ant . . . ego pro matre sororem posui." Dabei passiert ihm
das Versehen, dass er sowohl hier wie im Kontexte seiner
Übersetzung ϑυγατέρα mit sororem statt mit filiam übersetzt.
Über die Lesart Φινέως statt Σμινϑέως, welche sich in der
nämlichen Erzählung de soll. anim. 985 A findet, ist zu
vergleichen Tümpel, Lesbiaka, Philol. 49. B., N. F. 3. B.
p. 103.

c. 21, 164 A. Mit Recht hat Bernardakis nach den
Handschriften das τὸν vor ἐν Δελφοῖς weggelassen. Denn
fürs erste ist die Andeutung des attributiven Verhältnisses
nicht allein in unserer Schrift, sondern auch sonst sowohl
bei Plutarch als auch bei andern griech. Autoren häufig ver-
nachlässigt. Sodann ist es aber nicht einmal nötig, ἐν Δελφοῖς als Attribut zu τὸν οἶκον zu nehmen, vielmehr kann es
ebenso gut als Adverbiale des Ortes aufgefasst werden. —
Hingegen hat Bernardakis zweifellos unrichtig die handschriftliche Lesart ὥσπερ ϑεοῦ gegenüber Herchers Emendation ὡς
τοῦ ϑεοῦ festgehalten. Denn ὥσπερ ist völlig sinnlos, da der
Partizipialsatz nicht einen Vergleich, sondern vielmehr eine
Begründung ausdrücken soll. In letzterem Falle ist aber
ὥσπερ nicht gebräuchlich. Auch würde man das τοῦ vor
ϑεοῦ vermissen. Denn indem Kypselos den οἶκος, die Schatz-
kammer, in Delphi einrichtete, kann man nur an einen be-
stimmten Gott denken, nämlich an Apollo. Man vergl.
übrigens hiezu c. 4, 150 A unserer Schrift: πρὸς τὸν ϑεὸν
εἰς Δελφοὺς.